FALÜ JIANDU MOXING DE JICENG SHIJIAN

法律监督模型的基层实践

贵州省毕节市威宁彝族回族苗族自治县人民检察院 组织编写

中国检察出版社

图书在版编目（CIP）数据

法律监督模型的基层实践 / 贵州省毕节市威宁彝族回族苗族自治县人民检察院组织编写 . -- 北京 : 中国检察出版社 , 2024. 11. -- ISBN 978-7-5102-3188-9

Ⅰ . D926.34

中国国家版本馆 CIP 数据核字第 2024AL6847 号

法律监督模型的基层实践

贵州省毕节市威宁彝族回族苗族自治县人民检察院　组织编写

王化宏　戴兴栋　主编

责任编辑： 钟　鉴

技术编辑： 王英英

封面设计： 徐嘉武

出版发行： 中国检察出版社

社　　址： 北京市石景山区香山南路 109 号（100144）

网　　址： 中国检察出版社（www.zgjccbs.com）

编辑电话：（010）86423736

发行电话：（010）86423726　86423727　86423728

（010）86423730　86423732

经　　销： 新华书店

印　　刷： 唐山玺诚印务有限公司

开　　本： 710 mm × 960 mm　16 开

印　　张： 9.5

字　　数： 146 千字

版　　次： 2024 年 11 月第一版　　2024 年 11 月第一次印刷

书　　号： ISBN 978 - 7 - 5102 - 3188 - 9

定　　价： 38.00 元

编委会

前　言

随着最高人民检察院数字检察战略的深入实施，各地检察机关积极探索并积累了诸多有效经验与做法，充分证明了“数字＋检察”模式在这一进程中的强大推动作用。数字检察是时代发展的必然要求，检察机关要不断探索与创新，加强理论研究，满足人民群众的需求，评估改革效果，确保数字检察的合法性和有效性。这就需要系统而长期地推进改革，加强内部审批规范，促进信息交流与共享，解决数据标准不统一的问题，同时确保数据安全和个人隐私安全。

大数据技术在刑事诉讼程序中的核心应用价值日益凸显，深化数字检察战略实施已成为司法改革的重要方向。自2022年起，最高人民检察院多次召开全国性的数字检察工作座谈会，对加速构建数字检察体系作出了全面战略部署。在此背景下，构建国家级大数据管理平台，并推广覆盖“四大检察”业务领域的大数据应用产品，成为推进数字检察的迫切需求。以浙江省公安部门研发的“啄木鸟”情报巡检系统为例，该系统通过内置的数据校验规则，实现了对数据瑕疵的自动化识别与预警，显著提升了司法监督效能。经过七个月的实践，浙江省内非标准化数据问题得到有效治理，法律监督的精准度和效率均得到显著提升。这一案例不仅展示了数字检察在重塑司法监督模式方面的潜力，也转变了公众对检察工作的认知，展现出积极的推动作用。然而，地区差异、对变革理解的不足以及保护机制的缺失等因素，使得数字检察面临异化风险，可能导致公权力在数字化环境中过度扩张，进而对社会秩序产生不良影响。此外，当前该领域的理论研究尚滞后于实践探索，如何将丰富的实践经验提炼为系统性理论框架，仍需深入研讨与总结。

“数智威检”为人工智能赋能检察、大数据法律监督提供了威宁模板，成为威宁彝族回族苗族自治县（以下简称威宁自治县）人民检察院数字检察工作的名片。自数字检察战略实施以来，威宁自治县人民检察院积极响应上级部门及院党组要求，结合工作中发现的监督盲点、痛点，有针对性地开展法律监督，形成了检察业务、案件管理与技术信息深度融合的大数据法律监督模型研发应用新业态。截至目前，威宁自治县人民检察院已自主研发并应用了24个大数据法律监督模型，实现了检察业务全覆盖。同时，成功移植部署了最高人民检察院大数据法律监督模型管理平台8个。这些成就不仅推动了法律监督手段的革命性变革，还加快了“数字赋能”检察监督工作新格局的构建，更持续推动了“四大检察”的全面协调充分发展。借助大数据、人工智能等先进技术，构建起基层人民检察院完全自主研发的检察业务数据化、检察数据业务化的智慧体系，为我国数字检察的监管架构与标准体系的完善提供了有力支持。

一、坚持应用创新，推进监督模型研发工作

一是科学规划模型研发路径。依据工作清单制定详细的设计方案，明确监督依据、涉及单位及所需的具体数据。在此基础上，积极协调民政局、卫健局、教育局、公安、法院等相关部门，获取必要的数据资源。随后，根据业务规则和办案人员的需求，精心编写开发文档，详细阐述监督依据、监督规则及数据字典。依据这些文档，开展模型创建、数据碰撞、可视化展示等工作，并搭建数据管理系统。该系统能够及时反馈数据碰撞结果，为办案人员提供精准的数字线索指引。

二是探索基层创新模式。在综合考虑开发周期、研发成本及业务需求后，威宁自治县人民检察院尝试通过自有技术力量组建研发团队，自行开展研发工作。这一举措不仅确保了业务部门的数据监督需求能够得到及时响应，还减少了基层院在大数据建设方面对经费和外部软件公司的依赖。同时，通过自行研发，培养了一支稳定的数字监督、技术支撑队伍，为数字检察工作的可持续发展奠定了坚实基础。

三是实现统一部署和开源开发。针对获取的数据内容不统一和数据质量不符合要求等问题，团队充分利用开源平台的工具，实现了Excel、SQL等结构化数据的集中管理和统一应用。在此基础上，对前期部署的社区矫正智慧监督平台、非羁押电子手环云监管平台、聚力云公益诉讼大数据平台等应用成熟的数据平台与新创建的监督模型进行了汇聚整合，构建了数字检察一体化平台。该平台深挖激活了检察内部数据的潜能，充分利用了

检察业务应用系统、12309 检察服务中心等资源，并通过汇聚各单位数据资源和各监督模型，实现了在同一平台上进行多模型部署。这一举措不仅汇聚了监督数据的“富矿”，还以法律监督模型的创建激发了法律监督的新动能。

二、坚持监督导向，发挥监督模型治理功效

威宁自治县人民检察院紧密围绕服务大局的热点焦点、执法司法领域的突出问题、社会治理的薄弱地带以及公益诉讼的弱项短板，精心研发了一系列模型。团队遵循“个案办理—类案监督—系统治理”的大数据赋能法律监督路径，成功自主研发并应用了 24 个模型，实现了检察业务的全面覆盖。

威宁自治县人民检察院牵头与大方、开阳两地联合研发的国家司法救助线索 + 民事支持起诉、社会救助职能部门正确履职法律监督模型在省级竞赛中荣获三等奖，入选智能法律科技典型案例“新锐创新篇”，相关办案经验也被最高人民检察院评为大数据赋能类案司法救助典型案例（第二批）。在贵州省院的指导下，该模型以司法救助专项行动的形式在全省范围内推广使用。同时，还与县民政局、教科局、司法局等 11 家单位会签了《国家司法救助与社会救助工作的衔接机制（试行）》，构建了多方参与的“1+N”多元救助格局，为乡村振兴提供了有力支持。

威宁自治县人民检察院研发的命案防控大数据预警模型在全市乃至全省范围内推广使用；医保基金综合保护融合监督模型则作为改革亮点在全市范围内推广使用。

威宁自治县人民检察院与毕节市人民检察院、黔西市人民检察院联合推出的密切接触未成年人单位入职查询法律监督模型在市级竞赛中荣获二等奖，并在省级竞赛中获得优秀奖。在市院的领导下，该模型在全市范围内推广，并推动了校外托管机构管理办法的出台。

此外，威宁自治县人民检察院还研发了打击网络招嫖侵害未成年人权益法律监督模型、涉水产品资源行刑反向衔接法律监督模型、房屋征拆领域诈骗线索发现法律监督模型等，为“四大检察”的创新发展提供了持续助力。值得一提的是，督促整治自然保护区光污染监督模型，实

现了对自然保护区内光污染问题的有效监控和整治，为野生动物保护工作提供了坚实的技术支撑。

三、坚持数智共享，在应用中凸显数字检察威宁品牌

在院党组的坚强领导下，威宁自治县人民检察院成功举办了威宁、赫章两院第一届大数据法律监督模型竞赛。此次竞赛规格高、质量优，特别邀请了市院领导莅临指导，重庆邮电大学、贵州民族大学的相关专家教授担任点评嘉宾。此外，还邀请了内蒙古自治区乌拉特中旗人民检察院、云南省宣威市人民检察院和会泽县人民检察院、贵州省黔西南布依族苗族自治州人民检察院及部分基层院的领导和检察人员前来观摩指导。通过模型展示，尤其是创意类模型的汇报，为模型的研发与应用指明了方向，明确了重点。

威宁自治县人民检察院秉持“一域突破，全域共享”的理念，深入推进数字检察工作。在此过程中，云南省曲靖市人民检察院、贵州省黔西南布依族苗族自治州人民检察院等多次前来交流，共同探讨数字检察的发展。同时，威宁自治县人民检察院也积极对外宣介，向云南省曲靖市沾益区人民检察院部署了入职查询模型、司法救助模型，并向陕西省渭南市、贵州省贵阳市和遵义市的部分基层院提供了部分模型的部署应用服务。

根据西藏自治区人民检察院阿里分院与毕节市人民检察院签订的《检察业务援助协议书》的相关要求，威宁自治县人民检察院在西藏自治区部署了由毕节市各级检察院研发的 8 个监督模型，包括司法救助、命案防控、商超等行业涉及妇女劳动社保权益保障、未成年人单位入职查询、涉民企业诉讼违法公告送达等，这些模型均是西藏自治区人民检察院阿里分院在工作中需要的。同时，结合阿里检察工作的实际情况，威宁自治县人民检察院还构建了阿里本地化监督模型——民事终结本次执行程序法律监督模型。此外，团队还协助阿里分院在最高人民检察院大数据法律监督平台上构建了民事终结本次执行程序法律监督模型、国家公职人员犯罪后未按规定计发或取消待遇监督模型、财产刑终结本次执行法律监督模型、密切接触未成年人单位入职查询法律监督模型 4 个模型，为阿里的数字检察工作注入了新的活力。

四、坚持人才为本，团队建设稳步提升

一是制定《数字检察人才培养方案》，着眼于三类人员（检察业务人员、技术人员、复合型人才）和三项能力（数字技术应用能力、检察业务能力和两者融合能力）的培养，旨在打造一支既精通检察业务又掌握先进数字技能的复合型人才队伍。通过这一方案的实施，威宁自治县人民检察院成功培养了一批具备专业数字技能和检察知识的复合型人才，为未来的检察工作注入了新的生机与活力。

二是组建一支满足模型研发需求的专业队伍。鉴于模型研发的多样性需求，积极构建大数据分析数字检察的专业技能体系。选派既精通信息技术又通过司法考试的检察干警担任研发负责人，确保团队在技术和法律层面均具备扎实基础。团队内部明确分工，一名成员专注于软件代码开发，熟练掌握 Java、SQL 数据库等核心技术；一名成员则致力于低代码建模，深入研究开源低代码工具（如 Kettle）以及贵州省人民检察院的“大数据应用创新平台”；一名成员负责数据处理、存储及大数据可视化部署。通过多个模型的实战研发，团队逐渐成长为一支专业且高效的数字研发力量。此外，在贵州省人民检察院信息中心的悉心指导下，团队还选派了两名成员前往省院进行跟班学习，进一步提升了团队的专业水平。威宁自治县人民检察院“数智威检”数字检察团队的卓越工作成果，也赢得了党建头条、中国早报等多家媒体的广泛报道。

三是注重培养适应现代化需求的数字检察人才。在加强自身队伍建设的同时，威宁自治县人民检察院还积极服务全院数字检察工作大局，与政工部门紧密合作，致力于培养一支兼具法律与技术素养、富有创新精神，且能够适应未来人机共存、碳基硅基共存趋势的数字检察人才队伍。为此，团队采取了多项举措，包括强化数字检察培训、加强实践锻炼、搭建交流平台、注重理论研究、打造赛场选手、加强宣传报道、细化考评机制等。通过牵头研发和组织培训等方式，团队积极培养全院检察干警的大数据思维，鼓励检察干警充分利用检察机关内部的办案数据和外部的监督数据，敢于、善于并勇于开展监督工作。这一系列举措旨在不断提升检察干警的大数据法律监督能力和办案水平，为数字检察工作的持续发展奠定坚实基础。

“数字检察是一项大工程，依靠点点滴滴积累，在所谓小切口上建大厦，一线千军牵万马。”下一步，威宁自治县人民检察院将继续围绕“业务主导、数据整合、技术支撑、重在应用”的工作要求，深入实施数字检察战略，强力推进法律监督手段革命性变革，创新发展“数字检察”这一优质检察生产力，加快构建数字赋能检察监督工作新格局，为贵州构建数字检察监督体系贡献威宁智慧。

目　录

“富矿精开”社会治理检察建议线索法律监督模型

关键词：检察职能；社会治理检察建议；综合治理；法律法规政策；跨部门协作

一、模型研发背景与概述

（一）研发背景

为认真贯彻落实《中共贵州省委 贵州省人民政府关于强力推进“富矿精开”加快构建富有贵州特色现代化产业体系的意见》和省院关于充分发挥检察职能服务保障“富矿精开”专项工作部署要求，威宁自治县人民检察院立足检察职责、综合履职，坚持依法公正高效办好每一个案件，在有效促进矿产资源整合利用，促进涉矿资源开发综合治理方面，拟通过构建“富矿精开”社会治理检察建议线索法律监督模型，切实强化检察监督线索移送和案件办理，坚持“抓前端、治未病”，充分发挥社会治理检察建议的功能，全力服务保障“富矿精开”专项工作，促进社会综合治理。

“富矿精开”社会治理检察建议线索法律监督模型的主要运行思路：一是通过设置“涉矿领域”“矿产资源”“矿业权”等关键词（关键词有待进一步优化），从本地区办理的案件中过滤筛选出涉矿领域的案件。二是将线索进一步清洗优化，对比出应制发社会治理检察建议但办案部门未制发的案件。三是将模型最终筛选出的线索向办案部门推送。四是由办案部门限期反馈制发社会治理检察建议情况及相关单位整改效果，切实做到由“办理”向“办复”转变。通过依法履行检察职能，最大化实现社会治理检察建议的效果，从推动类案办理到促进社会综合治理。为党委、政府推进“富矿精开”专项工作提供坚强司法保障。

“富矿精开”社会治理检察建议线索法律监督模型的搭建，既强化了科技赋能作用，充分履行研究室对社会治理检察建议的统筹职责，又推动办案模式从“个案为主、数量驱动”向“类案为主、数据赋能”转变，助力法律监督提质增效，以高质量的检察监督推动社会高质量发展。

（二）模型创建思路

第一，建立线索识别模型。基于数据挖掘的结果，建立线索识别模型。该模型可以根据预设的规则和算法，自动识别出可能涉及社会治理问题的线索，如超量开采、非法采矿、安全生产事故等，大大提高线索发现的准确性和效率。

第二，加强与其他数据源的关联分析。除了矿产领域内部的数据外，还可以将矿产领域的数据与其他领域的数据进行关联分析，如环保、税务、工商等领域的数据。通过跨领域的数据分析，可以发现矿产领域与其他领域之间的关联性，从而揭示出更全面的社会治理问题。

第三，加强社会公众的参与和监督。为了进一步促进矿产资源领域的合法经营，提升该行业的透明度与社会责任感，呼吁社会各界积极参与监督工作。具体而言，鼓励广大民众在发现任何涉嫌违法或不符合规范的行为时，能够及时向有关部门进行举报。这不仅有助于制止非法开采活动，减少环境破坏和社会风险，而且还能促进矿产资源的合理利用与保护。

同时，强调媒体的重要作用。媒体应当发挥其舆论监督的功能，通过深入报道矿产领域的实际情况，揭示存在的问题，传播正面信息，提高公众对此类问题的关注度。此外，媒体还可以作为公众与政府之间的桥梁，促使相关法律法规得到有效执行。

通过建立一个包含公众参与、媒体监督以及政府部门协作的综合监督体系，有效拓宽检察建议线索的来源渠道，增强对违法行为的查处力度。这不仅需要政策的支持和技术手段的应用，还需要形成一种全社会共同参与的良好氛围，确保矿产资源的开发和利用既符合法律规定又能满足可持续发展的要求。

第四，关注矿产资源法律法规与政策动态，定期查阅相关文件，这对于发现矿产领域潜在的社会治理检察建议线索至关重要。以下是可能存在的问题的详细说明：

一是法律法规执行不力。尽管国家和地方都出台了关于矿产资源管理的法律法规，但在实际执行过程中可能存在执行不力的情况。例如，一些矿山企业可能未严格按照规定进行开采，或者存在超量开采、非法转让矿业权等行为。这些行为不仅破坏了矿产资源的可持续利用，还可能对生态环境造成严重影响。

二是政策落实不到位。政策文件往往提出了矿产领域社会治理的方向和目标，但在实际操作中，可能存在政策落实不到位的情况。比如，某些地区可能对矿山企业的安全生产和环保要求执行不严格，导致事故频发或环境污染问题严重。此外，一些地区可能还存在“权力寻租”、腐败等问题，影响政策的有效执行。

三是监管漏洞和盲区。矿产领域涉及的环节众多，包括勘查、开采、加工、销售等，每个环节都可能存在监管漏洞和盲区。例如，在矿产资源勘查阶段，可能存在非法勘查、盗采等行为；在开采阶段，可能存在安全生产措施不到位、环境污染等问题；在加工和销售阶段，可能存在产品质量不达标、偷税漏税等行为。这些监管漏洞和盲区都可能成为潜在的检察建议线索。

四是跨部门协作不畅。矿产领域的社会治理是一项复杂的系统工程，它牵涉自然资源、环境保护、应急管理等多个政府部门的协同工作。然而，在实际操作中，由于各部门职能划分明确但又相互交叉，加之沟通协调机制不够健全，可能会出现信息共享不充分、协作流程不顺畅等问题。这些问题往往会导致监管存在盲点或者重复监管的情况，从而影响对矿产资源开发活动的有效监控。

为了解决上述问题，检察机关可以通过调查研究，针对发现的具体情况提出具有建设性的检察建议。这些建议应着重于改善跨部门间的合作机制，比如，建立统一的信息平台以实现数据共享，定期召开联席会议协调各方行动，以及制定联合执法计划等措施。通过这些方式，有效促进各相关部门之间的信息交流与工作配合，从而提高监管的整体效能，确保矿产资源开发活动在法律框架内健康有序地开展。

此外，检察机关还可以建议设立专项工作组或常设机构，专门负责协调跨部门合作事宜，确保各项政策措施得以落实到位。这样不仅能避免监管真空地带的产生，也能减少不必要的资源浪费，进而为矿产领域的可持续发展创造良好的外部条件。

综上所述，通过关注矿产资源法律法规与政策动态，并深入分析其中可能存在的问题，检察机关可以更加精准地发现潜在的检察建议线索，为矿产领域的社会治理提供有力支持。同时，需要检察机关具备较高的专业素养和敏锐的洞察力，能够准确识别问题并提出有效的解决方案。

二、数据分析方法与监督规则

（一）分析方法

1. 背景与问题界定

明确问题背景：首先明确“富矿精开”专项工作的背景，即贵州作为矿产资源丰富的省份，需要通过开展专项工作促进矿产资源的合理开发和利用。

定义问题范围：指出在矿产资源开发过程中可能出现的违法违规行为及其对生态环境、经济秩序和社会稳定的负面影响。

2. 数据收集与筛选

收集数据：通过设置关键词，如“涉矿领域”“矿产资源”“矿业权”等，从本地案件数据库中筛选出与矿产资源相关的案件信息。

清洗与优化数据：对收集到的数据进行清洗，去除无效信息，确保数据的准确性和有效性。

3. 数据分析与模型构建

分析方法：采用数据挖掘技术，分析矿产领域案件的特点及其背后的社会治理问题。

构建模型：基于分析结果，构建“富矿精开”社会治理检察建议线索法律监督模型，该模型能够自动识别可能涉及的社会治理问题线索。

4. 关联分析与跨领域数据整合

关联分析：将矿产领域的数据与其他领域的数据（如环保、税务、工商等）进行关联分析，以便发现更深层次的问题。

数据整合：通过跨领域数据的整合，揭示矿产领域与其他领域之间的相互影响。

5. 公众参与和媒体监督

强调公众参与的重要性，鼓励社会公众参与矿产资源领域的监督，提高信息透明度。

强调媒体的舆论监督作用，通过报道揭示存在的问题，提高公众关注度。

6. 问题细化与对策建议

对法律法规执行不力、政策落实不到位、监管漏洞和盲区、跨部门协作不畅等问题进行详细描述。

提出具体的对策建议，包括改善跨部门间的合作机制、建立统一的信息平台、定期召开联席会议、制定联合执法计划等措施。

7. 案例分析与问题揭示

通过对具体案例的分析，揭示矿产资源违法违规案件频发、涉矿犯罪案件涉及面广、行政执法与司法衔接不畅、监管体系不完善等问题。

根据案例分析结果，提出具体的检察建议，推动相关部门采取更有效的措施。

（二）监督规则

1. 线索识别

设置关键词自动筛选涉矿领域案件，对筛选出的案件进行进一步分析，识别出存在潜在社会治理问题的线索。

2. 线索优化

对识别出的线索进行清洗，去除无效信息，确保线索的有效性和准确性，对线索进行优化处理，确保每一条线索都能清晰反映问题实质。

3. 线索推送

将优化后的线索推送给相关办案部门，并要求限期反馈，确保线索被及时处理，并追踪处理结果。

4. 效果评估

对线索处理情况进行评估，确保社会治理检察建议得到落实，定期跟踪整改效果，确保问题得到有效解决。

5. 跨领域数据关联分析

利用数据挖掘技术，将矿产领域的数据与环保、税务、工商等部门的数据进行关联分析，发现跨领域的相互影响，揭示更深层次的问题。

6. 公众参与和监督机制

建立公众参与机制，鼓励举报违法行为，发挥媒体的舆论监督功能，提高公众关注度。

7. 跨部门协作机制

建立统一的信息平台，实现数据共享，定期召开联席会议，协调各方行动，制定联合执法计划，提高监管效能。

8. 法律法规与政策动态关注

定期查阅相关文件，关注法律法规与政策动态。及时发现潜在的检察建议线索，提出具有建设性的检察建议。

三、模型应用总结

第一，精准监督实现资源有效整合。通过设置关键词筛选涉矿领域案件，并对比出应制发社会治理检察建议而未制发的情况，向办案部门推送线索，实现了检察监督的精准化。这一举措让我们能够更加高效地监督涉矿资源开发，及时发现并处理超量开采、非法采矿等违法行为，有力促进了矿产资源的整合利用。这不仅保障了矿产资源的可持续利用，也为地方经济的稳定发展奠定了坚实基础。在这个过程中，我们深刻认识到精准监督的重要性，只有找准问题的关键，才能有的放矢地开展工作。

第二，类案治理推动模式转变。该模型促使办案模式从“个案为主、数量驱动”向“类案为主、数据赋能”转变。建立线索识别模型和加强与其他数据源的关联分析，提高了线索发现的准确性和效率，让我们能够更全面地了解社会治理问题。这一转变不仅提升了法律监督的质量和效益，也为推动社会高质量发展贡献了检察力量。我们意识到，在新时代，检察工作需要不断创新，运用科技手段和数据思维，才能更好地适应社会发展的需求。

第三，多方参与拓宽线索增强查处。加强社会公众的参与和监督，以及发挥媒体的舆论监督功能，为我们拓宽了检察建议线索的来源，增强了对违法行为的查处力度。公众的举报和媒体的关注让非法开采活动无处遁形，减少了环境破坏和社会风险，促进了矿产资源的合理利用与保护。这让我们明白，检察工作不能孤立地进行，需要与社会各方共同合作，形成合力，才能更好地发挥作用。

第四，关注政策完善监管机制。关注矿产资源法律法规与政策动态，及时发现问题并提出建设性检察建议，改善了跨部门合作机制。设立专项工作组或常设机构，避免了监管真空地带的产生，为矿产领域的可持续发展创造了良好外部条件。这让我们认识到，检察工作要紧跟政策导向，积极主动地为完善监管机制出谋划策，才能更好地服务于经济社会发展大局。总之，“富矿精开”社会治理检察建议线索法律监督模型的构建和运行，让我们在实践中不断成长和进步。我们将继续充分发挥检察职能，为党委、政府推进“富矿精开”专项工作提供坚强司法保障，为促进社会综合治理、推动地方经济的可持续发展和社会的公平正义而努力奋斗。

不起诉案件检察意见监督模型

关键词：行政处罚监督；刑事与行政衔接；相对不起诉；线索筛查

一、模型研发背景与概述

不起诉案件检察意见监督模型是一种数字化监督工具，旨在监督行政机关对符合行政处罚条件的被不起诉人进行相应的行政处罚。该模型通过将不起诉案件清单数据与行政机关的行政处罚数据进行比对，发现那些由检察院作出相对不起诉决定，行政机关应当对其进行行政处罚或行政处分却未实施的情况。在初步筛选出相关案件线索后，通过人工核实确认，确保证据充分并经检察长批准后，向相应的行政机关发出检察建议书，以此实现刑事与行政的有效衔接。

近年来，有不少轻微刑事案件因情节轻微而被相对不起诉处理，这意味着犯罪人未被追究刑事责任，而被起诉人也往往未受到应有的处罚或处罚过轻，影响法律的公正性。为此，通过比对行政机关的行政处罚数据与检察院的不起诉案件数据，可以发现那些应当受到行政处罚却被遗漏的被不起诉人线索。检察机关依据核查结果，依法以制发检察建议书的方式与行政机关无缝对接，精准督促其依法合理地对相应的被不起诉人进行行政处罚或行政处分，从而实现刑事与行政处罚的有效衔接。

自2023年以来，通过自行研发的监督模型，并调取过去两年内的行政处罚数据与不起诉处理案件数据进行对比筛查，最终经过人工确认，发现了20多条应当进行行政处罚或行政处分的线索，并已向相应的行政机关制发了检察建议书，以督促其落实，提升了监督工作的效率和准确性，促进了司法公正和社会公平正义。

二、数据分析方法与监督规则

（一）分析方法

1. 数据来源

公安机关（包括治安类、交通类、国边境类）：行政处罚决定书、行政违法人清单，包含案件名称、案件信息、拘留时间等。

其他行政机关（自然资源、食品监督、生态局等）：行政处罚决定书、行政违法人清单，包含案件名称、案件信息、拘留时间等。

检察院案管部门：不起诉决定书，包含不起诉案件名称、被不起诉人姓名、不起诉时间、不起诉情形等，并将不起诉案件按照定性进行分类处理。

2. 数据获取方式

线下数据集中拷贝。每个行政机关定期拷贝获取数据，每个行政机关数据单独获取。尚未实现实时数据共享。

3. 特征要素及规则

（1）危险驾驶类案件监督

达到酒驾、醉驾标准的，按照道路交通安全法应进行相应的行政处罚。将检察院不起诉的危险驾驶类案件清单数据与酒驾、醉驾类行政处罚进行比对，找出不起诉但没有受到行政处罚的案件，再次确认后进行监督，制发检察建议书建议交警部门进行行政处罚。

（2）交通肇事类案件监督

按照道路交通安全法规定，违反相关法规，造成事故，应受到行政处罚。将不起诉的交通肇事类案件数据与相应的行政处罚数据进行比对，找出已作不起诉但未受到相应行政处罚的数据，再次确认后制发检察建议书。

（3）治安类案件监督

治安处罚与刑罚有密切的联系，如聚众斗殴、寻衅滋事、盗窃、故意伤害等行为，达到一定程度就构成相应的刑事犯罪，达不到构罪的程度就采取治安处罚。但是进入刑事诉讼程序的案件，作出相对不起诉的，肯定都超越了治安处罚的标准，根据举轻以明重原则，应当对被起诉人进行行政处罚。将治安类不起诉案件数据与治安处罚数据进行比对，发现未受行政处罚的线索，确认后制发检察建议书建议处罚。

其他自然资源类、食品类、生态类等案件进行类似监督。

（4）数据分析步骤

公安机关以及其他行政机关的行政处罚案件清单和检察院不起诉案件清单都具有案件名称、案件编号、嫌疑人姓名等共同信息，因此可以通过相同信息相互比对并关联到具体的案件信息，具体步骤：

比对“被不起诉人员清单”与“行政违法疑人清单”，分析被“被不起诉清单”中的人员是否在“行政违法嫌疑人清单”中。如果不存在，则作为未受行政处罚的线索，确认后制发检察建议书建议处罚；如果存在，则进行筛选保存为“被不起诉嫌疑人清单”，进入下一步分析。

将被“不起诉嫌疑人员清单”与“行政处罚决定书查询清单”通过案件编号进行逐个查询比对并关联到案件名称，存储为“不起诉人员关联起诉人员关联行政案件信息表”。

在“不起诉人员关联行政案件信息表”中逐行分析检察院的不起诉案件名称与行政案件信息的案件名称是否存在关联性、相似性。如果存在，则认为该被起诉人员已被行政处罚；如果不存在，则可能是名字相同，与另一个同名的嫌疑人的行政案件关联，则认为该嫌疑人尚未受到相应的行政处罚，作为未受行政处罚的线索反馈。确认后制发检察建议书建议处罚。

（二）监督规则

以制发检察建议书的形式，建议相关行政机关进行行政处罚，实现相对不起诉案件的行刑衔接。2023 年以来，威宁自治县人民检察院已经向行政机关发出检察建议书 20 余份，建议对被不起诉人给予行政处罚或者行政处分。

三、模型应用总结

针对相对不起诉案件，要求承办人在作出不起诉决定时，严格审查是否应当进行行政处罚，对需要行政处罚的，按照规定制发检察建议书，建议行政机关进行处罚。

2023 年以来，威宁自治县人民检察院坚持依法履职，通过调取 2021 年以来醉驾类型行政处罚数据与不起诉处理案件大数据对比筛查，最终发现应当进行行政处罚或者行政处分线索 5 条，醉驾不起诉案件制发检察意见 2 份，督促行政机关对相应被不起诉人进行行政处罚或者行政处分，数据赋能不起诉案件行刑衔接效果初显。

财产刑终结本次执行法律监督模型

关键词：名下存款信息；不动产信息；养老保险；公积金账户

一、模型研发背景与概述

在司法实践中，人民法院与人民检察院之间的信息流通不畅是一个普遍存在的问题，特别是在财产刑的执行监督方面，这种信息壁垒导致了监督效率低下。人民检察院通常需要通过人工方式逐一核对人民法院的相关执行记录，这种方式不仅耗时耗力，还常常导致信息更新滞后，难以及时有效地监督人民法院的执行情况。

当人民法院面对具有可供执行财产的罪犯时，应当采取积极措施确保法律判决得到切实履行。然而，在实际操作中，有时会出现人民法院在尚未完全执行到位的情况下，就裁定终结本次执行程序（以下简称“终本”）的情况。这不仅影响法律判决的权威性和公正性，也可能损害受害人的合法权益。因此，核查此类裁定是否存在违法行为，关键在于确认人民法院是否已经采取了一切可能的手段来调查被执行人的财产状况，并且只有在确信没有其他可供执行财产的前提下，才能作出“终本”的决定。如果在核查过程中发现人民法院并未尽到应有的调查义务便草率结案，则该裁定可以被认为是违法的，应予以纠正。为了提高监督质效，建立人民法院与人民检察院之间的信息共享机制显得尤为重要。通过信息化手段实现数据互通，可以极大提升监督工作的效率和准确性，确保财产刑执行过程中的每一个环节都符合法律规定，保障司法公正。此外，完善相关法律法规，明确财产调查的标准和程序，也是提高财产刑执行监督水平的关键所在。人民法院在执行财产刑的过程中，通常会依赖“总对总”查控系统来进行“一键式”查询。这一系统整合了被执行人的银行账户信息、车辆登记情况、房产记录以及网络支付平台（如微信、支付宝等）的数据，以期全面掌握被执行人的财产状况。然而，“总对总”查控系统的覆盖范围仍有局限，如被执行人的保险产品、住房公积金以及到期债权等信息便无法通过该系统获取，这在一定程度上限制了财产调查的彻底性。为了解决上述问题，提升财产刑执行的监督效能，近年来发展出了一种名为“财产刑终结本次执行法律监督模型”的新方法。这一模型的核心是利用大数据技术，汇集被执行人在多个部门之间的各类海量信息数据，包括但不限于前述的保险、住房公积金和到期债权等信息。通过对这些数据的集成与分析，模型能够筛选出关键的信息，将数据规模降至可管理的范围内，以便于进一步的研判分析。

借助这一模型，人民检察院可以更加高效地识别出被执行人潜在的可供执行财产，同时也能判断人民法院是否真正做到了穷尽调查措施。若发现存在未尽调查义务即裁定“终本”的情况，该模型就能为后续的法律监督工作提供明确的方向和支持，从而促进财产刑执行工作的规范化和透明化，保障司法公正和社会公平正义。财产刑终结本次执行法律监督模型的应用不仅弥补了传统“总对总”查控系统的不足，还提高了监督工作的准确性和时效性，对于维护法律尊严和保护当事人权益具有重要意义。

二、数据分析方法与监督规则

（一）分析方法

1. 数据来源及载体

数据来源 1：检察院。数据载体：检察业务应用系统 2.0 中的统一受案号，以及判决书所载明的罪犯姓名、身份证号码、年龄、判处没收财产、罚金金额。

数据来源 2：法院。数据载体：人民法院审判管理系统中的移送立案执行时间，人民法院民事审判系统中的民事案件案号、民事判决金额，人民法院执行系统中的执行通知书、涉案财物登记没收、上缴国库清单，人民法院执行系统中的被执行人财产网络查询结果，人民法院执行系统中的“终本”裁定书。

数据来源 3：公安部门。数据载体：公安机关车辆管理系统中的车辆登记信息、登记状态、公安机关客车管理系统住宿登记信息。

数据来源 4：银行、金融部门。数据载体：银行信息系统中的个人账户结构化信息表、证券信息系统中的结构化登记表。

数据来源5：不动产登记部门。数据载体：不动产登记信息系统中的结构化登记表。

数据来源6：看守所。数据载体：个人账户余额。

数据来源7：市场监管部门。数据载体：国家企业信用信息公示系统中的注册登记、企业经营状态。

数据来源8：人社部门。数据载体：社保缴纳、养老保险金信息。

数据来源9：公积金管理部门。数据载体：公积金账户金额。

2. 监督点、研制规则及数据要素

监督点：人民法院认定罪犯履行能力是否准确？是否穷尽调查措施？裁定终结本次执行程序是否违法？

规则1：车辆登记信息与“终本”人员信息进行碰撞分析。罪犯有车辆，法院“终本”执行，系统发出监督预警提示。

数据要素：罪犯姓名、身份证号码、车辆登记系统身份证号码、车牌号、“终本”人员信息数据。

规则2：住宿登记信息、机票、高铁票与“终本”人员信息进行碰撞。罪犯在星级以上宾馆、酒店等场所进行高消费，高铁、飞机票有头等舱出票信息，法院“终本”执行，系统发出监督预警提示。

数据要素：住宿登记姓名、身份证号码、登记地点、酒店星级、飞机和高铁票据、“终本”人员信息数据。

规则3：罪犯银行存款信息、证券机构股票、基金信息与“终本”人员信息进行碰撞。罪犯名下有存款余额、持有证券机构股票、持有基金，法院“终本”执行，系统发出监督预警提示。

数据要素：罪犯身份证号码，银行信息系统中的罪犯个人的银行存款余额，证券信息系统中的罪犯的账户及额度、“终本”人员信息。

规则4：罪犯不动产登记信息与“终本”人员信息进行碰撞。罪犯名下登记有不动产信息，法院“终本”执行，系统发出监督预警提示。

数据要素：罪犯身份证号码，不动产登记系统中的权利人的姓名、身份证号码、产权证书号、不动产坐落位置，“终本”人员信息。

规则5：看守所在押人员账户与“终本”人员信息进行碰撞。如罪犯的看守所账户有余额，法院“终本”执行，系统发出监督预警提示。看守所消费数据与“终本”人员信息进行碰撞。罪犯在看守所每月消费记录超过

500 元，法院“终本”执行，系统发出监督预警提示。

数据要素：执行案号、罪犯姓名、身份证号码、看守所个人账户金额、每月消费记录、“终本”人员信息。

规则 6：市场监管局企业登记信息与“终本”人员信息进行碰撞。罪犯自由刑执行时间结束后出现在企业登记系统中有注册登记记录且企业经营状态为“正常营业”，法院“终本”执行，系统发出监督预警提示。

数据要素：罪犯姓名、身份证号码、企业经营状态，人民法院执行系统中的“终本”人员信息结果。

规则 7：社保信息与“终本”人员信息进行碰撞。罪犯自由刑执行时间结束后有缴纳社保或领取养老保险金的，法院“终本”执行，系统发出监督预警提示。

数据要素：罪犯姓名、身份证号码、社保缴纳或领取养老保险金信息、“终本”人员信息。

规则 8：公积金账户与“终本”人员信息进行碰撞。罪犯公积金账户有存款，法院“终本”执行，系统发出监督预警提示。

数据要素：罪犯姓名、身份证号码、公积金账户、“终本”人员信息。

规则 9：“终本”人员信息与民事裁判文书进行碰撞。对罪犯作为原告且裁判结果获得经济利益或即将获得经济利益的，法院“终本”执行，系统发出监督预警提示。

数据要素：民事裁判文书原告姓名、身份证号码、裁判结果、“终本”人员信息。

规则 10：“终本”人员信息与公安机关取保候审保证金信息碰撞。罪犯缴纳保证金，法院“终本”执行，系统发出监督预警提示。

数据要素：取保候审人员名单、保证金数额、“终本”人员信息。

3. 数据分析步骤

（1）数据清洗

由于各单位数据管理平台存放数据标准不统一且数据信息录入时可能存在输入有误等问题，需要对获取的信息进行数据清洗，将不符合要求的数据进行更正或删除，有效避免在数据处理时出现错误。

（2）数据导入

将从各单位获取的数据通过图形化数据库管理软件导入关系数据库中。

（3）确定数据碰撞方式

分析明确监督点和规则，梳理规则、数据要素从而确定数据在计算机中的具体碰撞方式。

（4）数据分析处理

根据梳理的碰撞方式，以及监督规则，对计算机编程语言提取数据中的部分关键信息如姓名、身份证号码等进行比对碰撞，从而使得表与表之间产生关联，使得监督点能碰撞产生出关于“终本”人员的车辆、高消费、名下存款、证券、基金、不动产、看守所消费信息、企业信息、社保、养老保险金、公积金、作为原告且裁判结果获得财物等信息。程序根据信息统计分析，将信息以“终本”人员为单位进行显示，直观地了解该人员的各项信息，有效地提高监督工作的效率。

（5）数据可视化展示

根据模型碰撞出的信息、数据总体概况等进行统计，借助可视化平台进行数据展示，直观有效地观察数据碰撞。

（二）监督规则

针对终结本次执行的案件，检察机关可以多措并举。一方面，通过检察业务应用系统、人民法院的查控系统、公安机关车辆管理系统、金融机构系统、不动产登记系统、工商登记管理系统、进行数据碰撞、分析被执行人及其配偶的财产情况，发现对于有履行能力的被执行人，人民法院“终本”的监督线索；另一方面，对有履行能力的被执行人，通过民事虚假诉讼故意转移财产的线索，移送民事检察监督。

三、模型应用总结

财产刑执行是我国刑罚执行体系的重要组成部分，人民检察院依法履行财产刑执行法律监督职责，对于维护国家司法公信力，维护刑事执行公平公正，维护被执行人及其他有关人员的合法权益，促进我国刑罚执行制度的健全与完善，具有重要意义。

该模型有助于促进检察监督模式的创新。模型紧紧围绕大数据赋能检察机关高质量发展要求，充分借助大数据拓展监督渠道、创新监督方法、提升监督能力、提高监督效率，将大数据与法律监督工作融会贯通，以数据为基础，以系统信息为载体，通过大数据对财产刑执行进行全方位、多角度的监督，向科技要警力、向科技要效率，从而实现大数据赋能检察监督工作高质量发展。推动检察监督体系的完善，促进国家治理体系和治理能力现代化。

财产刑终结本次执行法律监督模型弥补了检察机关在财产刑执行监督工作上信息掌握不全面、办案人员不足、信息滞后等问题。截至 2022 年 3 月，毕节市检察机关刑事执行条线在职在编 20 余人，检察官 10 余人，人均办案数 100 余件。因此，检察机关在案多人少的情况下，如果按照常规监督模式，很难履行对人民法院财产刑执行监督工作。但依托大数据，通过海量数据核查工作发现监督线索的常态化进行，及时有效地发现“终本”违法及司法工作人员相关职务犯罪线索。

打击网络招嫖侵害未成年人权益法律监督模型

关键词：组织介绍卖淫；未成年人卖淫；取证困难；打击买方市场、保护未成年人；立案监督

一、模型研发背景与概述

近年来，组织、介绍卖淫案件屡禁不止，且卖淫人员有低龄化发展趋势，未成年人受成年人引诱、教唆参加卖淫犯罪现象突出。此类犯罪活动常利用社交软件在网络上发布招嫖信息，犯罪成本低、隐蔽性强、流动性大，难以被发现。犯罪分子通过不同支付软件或借用他人收款码收取嫖资，导致公安机关取证困难，难以认定犯罪所得，影响定罪量刑。同时，实践中因该类犯罪活动次数多、间隔时间长，难以查找到更多嫖客，打击组织、介绍卖淫的犯罪嫌疑人成为侦查主要目的，往往遗漏对嫖娼人员的处罚，“漏人漏罪”问题突出。鉴于未成年人自我认知和自我保护能力较弱，易受成年人腐蚀和引诱走上犯罪道路，长期不安全性行为对其身心健康造成难以逆转的伤害。因此，有效打击卖淫犯罪活动，既要打击组织、介绍卖淫的人员，更要从买方市场加大打击力度，使卖淫犯罪活动失去内在活力，方能有效预防和减少该类犯罪行为，保护未成年人合法权益。本模型通过对办理的组织、介绍卖淫类犯罪分子的手机数据分析，调取审查逮捕、审查起诉、提前介入侦查、公安机关立案未成案等“网招”案件信息以及案件办理过程中收集的银行流水、旅店住宿登记信息等进行比对，可精准、快速锁定嫖娼人员，依法予以行政处罚，对涉嫌强奸犯罪的依法开展立案监督，对违规接纳未成年人的旅店进行处罚，对纵容卖淫嫖娼犯罪活动的社交软件主管部门制发检察建议，加强监督管理。

二、数据分析方法与监督规则

（一）分析方法

1. 数据来源

公安机关、检察机关办理的组织、介绍、容留卖淫等案件的案件数据。包括：组织、介绍、容留卖淫等案件审查逮捕案件和审查起诉案件（源于全国检察业务应用系统 2.0）；提前介入侦查涉组织、介绍、容留卖淫等案件（源于全国检察业务应用系统 2.0）；公安机关汇总已立案侦查但因证据不足等原因未移送审查的涉组织、介绍、容留卖淫等案件数据（源于公安机关执法办案平台）。

2. 数据分析关键词

案件名称、受案时间、承办单位，犯罪嫌疑人的姓名、身份证号码、手机号码、微信号码、交流平台，上游人员（组织人、介绍人、收款人等）的姓名、身份证号码、手机号码、微信号码、处理意见，下游人员（失足妇女、嫖客、信息发布人员）的姓名、身份证号码、手机号码、微信号码、处理意见、承办人等。

3. 数据分析步骤

第一步：登记人员信息。办案人员办理“网络招嫖”案件时，应当将卷宗中，以及在讯问、审查电子证据中发现的犯罪嫌疑人及其上下游人员的身份信息作为数据要素，每个案件的数据要素作为一组数据导入模型。

第二步：数据碰撞生成线索。办案人员办理新案件时，应当将本案犯罪嫌疑人相关身份信息作为数据要素，每个案件的数据要素作为一组数据导入模型，以某数据要素在数据库中存在重复信息为碰撞规则，通过数据库后台碰撞的方式自动筛选出存在相同数据要素的数据组（案件），形成初筛关联案件线索，以确认是否存在与之相关的犯罪团伙或者关联案件。

第三步：线索筛查与案件串并。确定是否存在跨区作案、关联团伙和漏犯漏罪线索，将相关线索移送公安机关，监督引导公安机关进行必要的侦查补证工作或自行补充侦查，以确认是否需要串并案件、追捕追诉漏犯漏罪，并依据侦查情况进行相应处理。

第四步：预防犯罪与融合履职。为全链条打击电信诈骗犯罪，通过数据碰撞反映出的涉案“网络招嫖”较多的网络平台、酒店未行政处罚的不捕不诉人员等线索，通过制发检察建议书、公益诉讼检察建议等方式督促相关单位落实管理责任，以检察建议书方式建议公安机关作出行政处罚。

（二）监督规则

将审查逮捕、审查起诉、提前介入侦查、公安机关立案未成案等“网络招嫖”案件作为数据来源，获取犯罪嫌疑人的姓名、绰号、身份证号码、手机号码、微信号码等基本情况；案件反映出的相关组织人员、介绍人员基本信息及其他案件线索等作为数据要素，每个案件的数据要素作为一组数据导入模型，并随案件审查进度随时补充完善。办理“网络招嫖”案件时，以某数据要素在数据库中存在重复信息为碰撞规则，通过新导入案件与既有案件在数据库后台进行碰撞的方式，自动筛选出存在相同数据要素的数据组（案件），从而形成初筛关联案件线索。

通过研判模型碰撞出的关联案件线索，监督引导公安机关核查有无关联组织人员和跨区域作案，并依据比对结果审查本区内和跨区域关联案件，从而挖出深居幕后的组织人、介绍人、“代聊手”以及遗漏罪行。同时，对网络平台、线下交易地点开展数据碰撞，发现涉“网络招嫖”数量较多的社交软件和行业监管存在的问题，为保护未成年人安全进行综合治理、行政公益诉讼等提供数据支撑。对于不捕不诉案件的人员及应当行政处罚的嫖客，通过反向行刑衔接的方式监督公安机关对相关人员作出行政处罚。

一是通过对网络招嫖组织者、介绍者、收容者数据进行全面梳理比对，发现漏罪、漏捕、漏诉等问题进行刑事法律监督信息及行政处罚的嫖娼人员信息，向公安机关移送线索，进行行政处罚，如有发现明知失足妇女系不满 14 周岁的幼女仍然与其发生性关系的，依法开展立案监督。

二是通过线下犯罪行为发生地，发现相关旅店未如实登记住宿信息，导致未成年人被侵害的，建议公安机关依法处罚。

三是通过招嫖使用的网络平台进行数据比对，发现犯罪嫌疑人使用的网络社交软件等存在有涉黄、纵容违法犯罪活动的，依法向相关主管部门制发检察建议，促进行业治理。

三、模型应用总结

首先，通过精准排查犯罪嫌疑人、卖淫者（未成年人）、嫖客以及场所信息，成功实现了对违法犯罪行为的精准打击。这种高压态势不仅让组织者依法接受了应有的处罚，也对嫖娼人员起到了极大的震慑作用，有效铲除了买方市场的生存土壤。在这个过程中，检察机关不放过任何一个漏犯漏罪，不断增加犯罪事实，以确保法律的公正和威严得到充分体现。其次，从已发生的案件中查找旅店业、网络服务提供者等行业的监管漏洞，制发检察建议，督促相关部门建章立制、堵塞漏洞，这是从源头上预防犯罪的重要举措。只有各行业都加强监管，才能为未成年人营造一个安全、健康的成长环境。再次，发现强奸、猥亵等性侵未成年人犯罪线索，依法开展立案监督，充分体现了对未成年人权益的高度重视和保护。未成年人是社会的未来和希望，他们的权益不容侵犯，必须以坚定的决心和有力的行动打击这类犯罪行为。最后，对涉案人员家庭监护不到位等问题开展家庭教育指导，督促落实监护职责。家庭是孩子的第一课堂，监护人必须承担起应有的责任，为孩子提供良好的成长环境和正确的引导。

医保基金综合保护融合监督模型

关键词：医保基金；监管漏洞；公益诉讼；信息共享机制；社会治理能力

一、模型研发背景与概述

医保基金作为人民群众的“看病钱”“救命钱”，其重要性不言而喻。它不仅关乎广大群众的切身利益，还与医疗保障制度的健康持续发展紧密相连，更对国家的长治久安有着重大意义。然而，当前相关监管机制尚不健全，存在着一定的监管漏洞，使得一些不法分子有了可乘之机，使用各种手段骗取国家医保基金，严重损害了人民群众的切身利益和国家利益。

在实践中，此类违法线索通过常规手段往往难以被发现。在此情况下，检察机关积极作为，通过研发医保基金综合保护融合监督模型，从庞大的大数据中挖掘相关违法线索，进而立案办理公益诉讼案件、支持起诉案件以及立案监督案件等。同时，检察机关还与审判机关、医保部门建立信息共享机制。在民事审判活动中，一旦发现医保基金可能存在流失情形时，便会建议审判机关依法追加社会保险经办机构作为第三人参加诉讼。

通过融合发挥公益诉讼检察监督、民事检察监督、行政检察监督以及立案监督等多项职能，能够依法追究违法行为人的法律责任，监督相关行政机关依法全面履行监管职责，提高监管水平。这有助于提升社会治理能力和水平，从而依法保障国家医保基金的安全。

二、数据分析方法与监督规则

（一）分析方法

1. 第一种情景

医保定点药店为消费者购买非医保目录内商品提供刷社保卡结算服务；医保定点药店为持卡人“空刷”套现骗取国家医保基金；医保定点药店违法收集他人社保卡“空刷”骗取国家医保基金。

数据来源：向医疗保障局调取医保定点药店产生的社保卡结算明细数据（XLS 格式）；必要时向医保定点药店调取“购、销、存”台账及监控视频予以辅助。

存在的难点：上述数据目前采用人工通过介质传递的方式获取，尚未实现网络实时自动传输。

2. 第二种情景

有第三方责任人的被侵权人违规使用医保报销后向人民法院提起民事诉讼。

数据来源：向人民法院调取健康权纠纷审管台账、案件档案数据，向医疗保障局调取医保报销数据及报销材料附件等有关数据。

存在的难点：上述数据目前采用人工通过介质传递的方式获取，尚未实现网络实时自动传输，部分人民法院裁判文书、医保经办机构报销材料为原始材料，尚未形成数据，且数据格式为图片或 PDF，不方便识别。

3. 第三种情景

治安案件、刑事案件中有第三方责任人的被害人违规使用医保报销。

数据来源：向公安机关调取侵犯人身健康权类治安案件和刑事案件被害人信息数据，向医疗保障局调取医保报销数据及报销材料附件等有关数据。

存在的难点：上述数据目前采用人工通过介质传递的方式获取，尚未实现网络实时自动传输，部分治安案件、刑事案件文书、医保经办机构报销材料为原始材料，尚未形成数据，且数据格式为图片或 PDF，不方便识别。

（二）监督规则

1. 第一种情景：大数据深度计算分析

（1）监督点 1：医保定点药店为消费者购买非医保目录内商品提供刷社保卡结算服务（以下简称“违法串换”）

特征要素：该监督点呈现出某一药店同期内产生的数据量明显高于其他药店平均水平，刷卡数据中的药品清单呈现出同一参保人单次购买多盒同一药品，且同类数据量较大的特征。

规则 1：获取数据后，按照城区、乡镇将所有医保定点药店分为两类，对刷卡数据内存量进行第一次计算，分别筛选出数据内存量高于平均水平50% 的药店清单。

规则 2：对使用规则 1 筛选出的药店清单数据进行第二次计算，筛选同一参保人一次购买单个药品（医疗器械除外）购买量＞ 3 的刷卡数据。

规则 3：计算使用规则 2 筛选出的数据量占比，数据量占比＞总数的 4% 的，可将该药店列为重点嫌疑对象，导出嫌疑药店清单。

规则 4：选取规则 2 筛选出的典型数据参保人、详细时间，通过询问参保人进行核实；或者调取特定时间监控视频观看对象消费者购药情况，未购买清单上药品的，涉嫌“违法串换”。

（2）监督点 2：参保人与药店未发生真实交易，串通药店“空刷”社保卡套取医保基金

特征要素：该监督点呈现出同一参保人在同一药店频繁刷卡，刷卡金额为大金额整数，且同类数据量占比较大的特征。

规则 1：获取数据后，对医保刷卡数据进行第一次计算，筛选出刷卡金额为整数的数据占比＞ 30% 的药店清单。

规则 2：对使用规则 1 筛选出的药店清单数据进行第二次计算，对同一参保人在一个月内刷卡次数＞ 3 次且刷卡金额为 300 元以上的整数的数据进行标注，计算此类数据量占比，筛选出占比＞ 10% 的药店作为重点嫌疑对象导出清单。

规则 3：选取规则 2 筛选出的典型数据，通过询问参保人、调取监控等进行核实；参保人与药店未发生真实交易，涉嫌“空刷”套取医保基金。

2. 第二、三种情景：数据关键信息碰撞

监督点：在处理涉及第三方责任人的被侵权人违规使用医疗保险报销问题时，通常涉及两种情形。第一种是被侵权人在遭受侵害后，未按照相关规定正确使用医疗保险进行医疗费用的报销，而是选择通过法律途径向人民法院提起诉讼，寻求损害赔偿。第二种是当涉及侵犯健康权的治安案件或刑事案件中，受害者同样存在违规使用医保报销的行为。

在第一种情形下，如果被侵权人在没有明确法律依据的情况下，先行通过医疗保险报销了相关医疗费用，而后又向法院提起民事诉讼请求侵权方赔偿损失，那么在诉讼过程中，法院可能会对被侵权人是否已经获得保险赔付的事实进行审查。如果确认存在重复获赔的情况，法院有可能会调

整赔偿金额，以避免被侵权人因同一损失获得双重补偿。

第二种情形则涉及治安或刑事案件中的受害者。在此类案件中，若受害者因第三方责任人的行为导致健康受损，并在治疗期间违规使用医保报销，那么除了需要面对因健康权被侵犯而引发的法律程序外，还可能因为不当使用医疗保险而受到相应的法律制裁。此时，医疗机构、社会保险机构以及相关监管部门均有可能介入调查，以确认是否存在滥用医保资源的情况。

为了避免上述问题的发生，建议医疗机构和保险机构加强与司法机关的合作，共同监督医疗费用报销的真实性与合法性。同时，也提醒广大公众在遭遇侵权行为时，应依法依规申请医疗费用报销，并在必要时咨询专业人士，确保自身权益的同时不触犯相关法律法规。这样既能维护个人合法权益，又能保证公共资源的合理使用。

特征要素：该监督点呈现医保报销人与民事、行政、刑事案件当事人信息重合，参保人就医时间与案发时间重合的特征。

规则 1：获取数据后，对数据中的当事人信息进行第一次比对，筛选出同一当事人的数据作为重点线索。

规则 2：对使用规则 1 筛选出的数据进行分析，提取医保报账数据中的报账时间、病历材料；提取民事裁判文书中的起诉时间、事实；提取治安、刑事案件文书中的发案时间、案件事实。对上述数据进行碰撞比对即可发现线索。

三、模型应用总结

（一）社会治理成效

2023 年 2 月至今，威宁自治县人民检察院使用该监督模型的计算方法，对威宁自治县辖区内共 249 家定点医保药店 2022 年 1 月 1 日至 2023 年 2 月 28 日产生的医保刷卡数据共计 125 万余条数据进行计算，目前取得的成效如下：

一是针对为参保人购买非医保目录内商品提供刷社保卡结算服务的违法行为，威宁自治县人民检察院已立案办理行政公益诉讼案件，向威宁自治县医疗保障局发出检察建议，督促该局履行监管职责。

二是针对参保人与药店未发生真实交易，串通药店“空刷”社保卡套取医保基金的违法行为，威宁自治县人民检察院已立案办理行政公益诉讼案件，向威宁自治县医疗保障局发出检察建议，督促该局履行监管职责。威宁自治县医疗保障局正在开展相关监督工作，下一步威宁自治县人民检察院视情况将该案作为支持起诉案件办理，支持威宁自治县医疗保障局追回被套取的医保基金。

三是针对参保人与药店未发生真实交易，串通药店“空刷”社保卡套取医保基金且骗取医保基金数额均已达到诈骗罪刑事立案标准的违法行为，威宁自治县人民检察院已将犯罪线索移送威宁自治县公安局并作为立案监督案件受理办理。

四是威宁自治县人民检察院根据调查查明的情况，已向违规使用社保卡的参保人所在单位提出社会治理类检察建议，督促相关单位加强对职工依法使用社保卡的监督管理。

特别说明：该模型的第二、三种情景尚未碰撞出有效案件线索，威宁自治县人民检察院正持续开展数据碰撞，下一步将根据工作开展情况决定是否将第二、三种情景纳入该监督模型进行研发。

综上，该监督模型能够有效发现损害国家医保基金的违法线索，检察机关通过检察融合监督履职能够有效助推提高医保基金管理规范化，保障国家医保基金安全。切实维护广大群众的切身利益，助力国家医疗保障制度健康持续发展。且该监督模型具有普遍适用性，可以全省、全国检察机关、医疗保障部门进行推广应用。

（二）办案心得

一是技术赋能。利用监督模型计算方法对海量医保刷卡数据进行处理，大大提高了发现违法行为的效率和准确性。应用技术手段，能够迅速锁定违规操作的药店，为后续的执法行动提供有力的数据支持。

二是针对发现的违法行为，及时启动行政公益诉讼程序，向医疗保障局发出检察建议，督促其履行监管职责。这不仅有助于纠正具体的违法行为，还能够推动行政机关改进管理，提高服务水平。

三是对于涉嫌构成犯罪的行为，将线索及时移交给公安机关，并作为立案监督案件跟进办理。这表明检察机关不仅注重行政层面的监督，还关注刑事责任的追究，力求做到全方位、多层次的法律监督。

四是针对违规使用社保卡的情况，向相关单位提出了社会治理类检察建议，促使各单位加强内部管理，规范员工行为，从根本上预防违法行为的发生。

五是此次运用监督模型的成功经验表明，该模型具有较强的实用性和广泛的推广价值。未来，计划将这一模型推广至更广泛的区域，为更多地区的检察机关和医疗保障部门提供技术支持，共同维护国家医保基金的安全。

此次运用监督模型开展医保基金保护工作，不仅有效打击了违法行为，保障了国家和公众的利益，也为今后类似案件的处理提供了宝贵的参考经验。后续将在实践中不断优化模型，提升监督效能，为维护社会公平正义作出更大的贡献。

督促整治自然保护区光污染监督模型

关键词：贵州梵净山国家级自然保护区；贵州茂兰国家级自然保护区；贵州习水国家级自然保护区；贵州雷公山国家级自然保护区；贵州赤水桫椤国家级自然保护区；贵州麻阳河国家级自然保护区；贵州宽阔水国家级自然保护区

一、模型研发背景与概述

（一）研发背景

光污染是继废气、废水、废渣等污染之后的一种新的环境污染。很长时间以来，人们关注光污染问题主要集中在光污染对人们的身体健康以及天文观测方面带来的不利影响，较少关注到光污染对自然生态环境尤其是对迁徙鸟类带来的潜在威胁。威宁自治县人民检察院要严格按照高质效办案要求，依托大数据法律监督模型，提高精准性和科学性，确保案件质效，将本案办成光污染影响自然生态环境和生物多样性的典型。

（二）研发概述

1. 个案线索发现

位于贵州省毕节市威宁自治县的贵州草海国家级自然保护区是国家Ⅰ级重要湿地，中国著名三大高原湖泊（草海、滇池、青海湖）之一，也是贵州省最大的高原淡水湖泊，更是国家一级重点保护野生动物黑颈鹤等 200 余种鸟类的重要栖息地。保护区紧邻威宁自治县城，随着城市发展，县城区域部分高层建筑外墙安装高亮度夜景灯光和高亮度射灯等形成人工白昼污染，上述光源直线距离黑颈鹤等候鸟夜栖地大概在 1.8—4 km，夜晚灯光直射黑颈鹤等候鸟夜栖地。

2. 模型构建

为了实现精准监督，威宁自治县人民检察院采取“业务需求技术来支持”的办案模式开展数据建模取证工作，建立光污染数据库，调取光污染卫星图斑识别污染情况。

3. 类案监督情况

目前，国家法律法规关于光污染防治仅有原则性规定，尚无相关环境标准。但据相关研究和报道表明：事实上，被光污染困扰的不仅仅是城市的居民，夜间人造光对城市野生生物，尤其对鸟类迁徙的影响也不容忽视。2022 年 5 月的世界候鸟日主题就被定为“熄灯，让候鸟安全回家”，聚焦光污染对包括许多候鸟在内的野生动物构成的日益严重的威胁。

过度的人工照明破坏了自然的光照周期，改变了动物繁殖、迁徙等生活习惯，从而不同程度上影响了生物多样性。2020 年，联合国《保护野生动物迁徙物种公约》缔约方通过了关于光污染的准则，涵盖海龟、海鸟和迁徙滨鸟，该指南提出了最佳照明实践的六项原则，并呼吁对可能导致光污染的相关项目进行环境影响评估。

为体现人类对自然的友好，国内已有重要的候鸟迁飞区制定了熄灯计划。2020 年，某县广场上空成群的白鹭被广场的灯柱吸引，迷失了方向，长时间低空盘旋。发现这一情况后，当地城管局立刻熄灭了广场上的所有灯光和部分街道路灯。次年，该县制定了更为详细的熄灯计划。在候鸟迁徙季的晚上九点后关闭 15 米以上的路灯 2496 盏、25 米以上的高杆灯 56 盏，并且联系县城内有射灯和霓虹灯装置的商户，倡导他们适时关灯，为候鸟让路。尽管有个别县市采取了行动，但是在全国范围内，人造光对鸟类迁徙的影响很少被决策者纳入政策考量，尚未得到普遍的重视。

2021 年 8 月，《深圳市城市照明专项规划（2021—2035）》（以下简称《规划》）发布实施，划定了 13 类照明政策区，并首次将暗夜保护区纳入城市照明规划。根据《规划》要求，暗夜保护区整体应保持暗天空，营造出宁静的暗夜光环境。生态保护区内禁止景观照明，必要的功能性照明需要结合生态保护和国际暗天空协会相关要求，使用截光型灯具，严格控制光污染，不得对区域内的动植物产生不利影响。《规划》重点对深圳湾超级总部片区等临近生态敏感区的区域、国际重点湿地和红树林保护区周边的城市照明建设作出规定，要求其不得对生态保护产生不利影响。同时提出，若涉及候鸟迁徙、迁移需求，还应在每年 10 月至次年 5 月候鸟迁徙季主动进行生态避让，严格限制景观照明的开启及动态照明的使用。

据有关数据显示，地球上 83% 的人生活在光污染的天空之下，1/3 的人口看不到夜空中明亮的银河。它不仅演变为一个全球问题，而且正不断恶化。

2023年初，发表在《科学》杂志上的一篇研究文章称，自2011年至2022年，全球大空的亮度正以每年约9.6%的速度增长，不到8年就翻了一番。

在国内，根据国家信息中心提供、央视报道的数据，自2016年至2021年，我国的夜晚越来越亮，夜间灯光指数对比非常明显。在一定程度上，夜间灯光指数反映着城市经济水平的指标。

2021年6月至11月，某地人民检察院通过公益诉讼全息办案智能辅助系统接到的光污染投诉举报线索达197件，占总投诉量的11%。这些光污染一方面是由日光反射导致的，另一方面则是夜间户外广告牌、电子屏以及建筑工地和市政设施的照明灯造成的。白夜侵袭，暗夜无安身之处。

在没有光污染的情况下，夜晚的天空中可看到的光度接近7等的星星。而在大城市，严重的光污染使黯淡星体“消失”。这不仅让星空爱好者越来越难“追星”，也影响天文观测。一些天文台也不得不搬迁到更偏僻的地方。

光污染还会加剧全球变暖。据统计，全球每年照明耗电约2万亿度，生产这些电力要排放十几亿吨的二氧化碳和1000多万吨二氧化硫。研究表明，地球环境变暖因素的50%是由二氧化碳造成的。虽然没有数据说明这些照明最终用在何处，但显而易见的是，这些照明耗电有一部分就用在了过度亮化上。

但光污染的危害绝不仅于此。一方面，光污染会影响人的生理节律。例如，夜间监控补光灯的爆闪可能导致驾驶员短暂性“失明”，无法正常分辨道路情况；高频闪烁会使人出现视觉疲劳、眼花、偏头痛等；室外的霓虹灯、街灯等，影响人睡眠质量，长此以往会导致失眠和神经衰弱，打乱体内的各种节奏。而这又会导致疾病，包括新陈代谢紊乱、心肌梗死，癌症发病率也会升高。另一方面，光污染对生态平衡也会造成严重影响。夜间的人工照明会干扰那些昼伏夜出的动物的行为，它们的生理节奏因此被打乱——有研究表明，夜间照明会导致对光敏感的夜间花粉传播者减少，直射的灯光会成为夜间鱼类洄游及繁殖的障碍。而灯火通明的高楼大厦、灯塔及灯光闪烁的海上钻井平台等强光源会令候鸟夜间飞翔时迷失方向，甚至导致其死亡。每年造成 4 亿多例登革热和寨卡感染的埃及斑蚊，在人造光的鼓励下，咬人似乎更加积极，另一种会传播西尼罗河病毒的蚊子也是一样。夜间的人工照明还会扰乱植物生理节奏，妨碍其正常发育、生长和繁殖。紧靠强光源的树木，光合作用能力弱化，氧气释放量降低，存活时间缩短。对光敏感的植物遭受长时间的夜间光照，甚至会病变、枯死。

2007 年 4 月，联合国教科文组织、国际天文学联合会、世界旅游组织等机构在首届世界“星光大会”上，就阐述过暗夜星空保护的意义——暗夜是人类共同的、普遍的自然与文化资源和遗产，是生态环境不可分割的组成部分；全球需重视应对日益严重的光污染，使各类动植物赖以生存的夜间环境得以维系，使人类世世代代能够观测和享受星空的魅力。

所以，保护暗夜，绝不仅仅是为了欣赏星空、观测天文，更是为了生物个体长远的生存和发展需要。

二、数据分析方法与监督规则

（一）分析方法

1. 数据来源

光污染卫星数据；外部平台推送（益心为公、12345、12309 等公共举报平台提供）。

2. 数据获取方式

本模型通过对光污染类案特征要素的提炼、简化、归类，筛选有效数据线索，提升线索研判的工作质效。

数据分析步骤如下：

第一步：数据采集，数据清洗。通过新增、导入等形式接入环保、交管、市场监管等多部门数据，并对数据进行标准化处理，包括统一时间格式、统一视频附件名称、统一地址名称、删除重复数据、无效数据等。

第二步：数据碰撞，生成线索。通过提取出的数据要素，结合光研判规则，综合分析判断是否超过规定的光标准，将研判指数 6 分以上的信息，确认为有效的光监督线索。

第三步：数据汇总，线索研判。判定有效线索后，确定光源、光类型、关联人员信息，辅助人工验证后向相关部门启动法律监督程序。

（二）监督规则

2018年，我国生物多样性保护与绿色发展基金会发布了《暗夜星空保护地和项目标准》，明确了暗夜保护区、暗夜公园、暗夜主题公园、暗夜社区等各类型保护地的具体要求和标准。浙江杭州、四川成都、江苏南京、广东深圳先后划定了“城市黑天空保护区”“暗夜保护区”等暗夜保护地，有的地方还对照明进行了规范。城市外的暗夜保护地也在同步推进。立法层面，环境保护法明确，光辐射是环境污染的具体形态，对光污染防治提出了总体要求。据此，相关部门参考行业技术标准和国内外有关光污染治理的情况，对玻璃幕墙、城乡照明或户外广告招牌的光污染防治作出了具体规定。可见，政府部门、相关行业都在不断地实践、探索，并试图从中找到最佳解决思路。与此同时，检察公益诉讼也在探索开展光污染防治的方式与路径。

三、模型应用总结

（一）社会治理成效

为有效降低光污染对自然生态环境的潜在不利影响，维护生物多样性，保护社会公共利益，威宁自治县人民检察院认为有必要对草海保护区黑颈鹤等候鸟栖息地周围光污染进行限制，遂发出该院首份针对自然生态环境光污染公益诉讼检察建议书督促有关部门履行监管职责，希望通过案件办理，助推全社会进一步关注光污染问题，在治理光污染过程中纳入更多的生态考量。光污染作为一种新型环境污染，对人民群众正常生产生活，甚至生态平衡的影响日益突出，特别对涉及天文观测基地暗夜保护治理难度更大，检察机关应当主动作为，发挥公益诉讼监督、支持、补位作用，为光污染防治贡献检察力量。在探索过程中，检察机关不止于就案办案，制发检察建议，还延伸法律监督触角，通过协同多方力量建立常态化的保护机制、开展普法宣传活动以及推动完善地方立法等方式来促进光污染问题系统治理。

（二）办案心得

此次行动不仅促使相关部门加强了对光污染的监管，还引起了社会各界对这一问题的关注。仅靠单一部门的努力难以达到理想的治理效果，因此，在发出检察建议的同时，应当构建多方参与的长效保护机制，包括联合不同部门共同执法，开展面向公众的普法宣传，提高社会公众对光污染危害的认识，并积极推动完善相关的地方性法规，以期从源头上减少光污染的发生。

在面对诸如光污染这样的新兴环境问题时，检察机关应主动作为，不仅限于个案的处理，更要着眼于长远，通过多种方式促进环境问题的综合治理。这样的努力不仅有助于保护生态环境，也有利于维护社会公共利益，提升人民群众的生活质量。

法律监督模型研发应用审查模型

关键词：数字检察；法律监督模型；应用审查模型；数据安全；资源浪费；高效模型研发机制

一、模型研发背景与概述

随着数字检察的不断优化，大数据下的法律监督模型日益繁多，其质量也迎来了显著提升。然而，随之而来的是模型重复研发的问题日益突出，为解决这一现象，推出了法律监督模型的应用审查模型。该审查模型旨在通过依法履职，避免资源浪费，提高模型构造质量。它通过数据分析、数据碰撞和数据挖掘发现治理漏洞或监督线索，并从研发监督、数据安全、数据比对等方面入手，检查相关模型收集的材料是否存在安全隐患，确保收集的数据得到有效处理，并评估处理效果，从而为大数据赋能数字检察工作提供有力保障。

应用审查模型的本质是对现有模型进行筛选，避免重复研发，使已有的高质量模型能够直接适用于新的场景，减少资源的浪费，推动形成高效的模型研发机制。随着模型数量的增加，大量数据被搁置，数据安全问题愈发凸显，存在数据外泄或丢失的风险，这可能导致不必要的损失。鉴于此，监督模型收集的数据应当严格遵守相关法律法规，尊重个人隐私权，对敏感信息进行脱敏处理或加密存储，限制数据访问权限，防止数据泄露。

为确保审查监督职责得以完整履行，必须明确各部门的职责和任务，确保监督线索能够得到及时处理和跟踪。通过构建完善的审查模型构造体系，为监督线索的有效处理提供保障机制，进而推动数字检察工作的健康发展。这样一来，不仅提升了监督工作的质量和效率，也为维护法律尊严和保护公民权益提供了坚实的支撑。

二、数据分析方法与监督规则

（一）分析方法

1. 数据来源

基础数据：威宁自治县人民检察院所有大数据模型的设计文档和模型收集到的监督线索。

条件数据：大数据模型收集数据信息，模型监督线索。

数据获取方式：通过威宁自治县人民检察院所有大数据模型所设计的文档进行分析。

2. 监督点、逻辑规则及研判步骤

（1）监督点 1：避免模型重复研发，减少资源浪费

为了防止在研发过程中出现重复建设和资源浪费的问题，建议在相关领域内建立一套协同合作机制。此机制旨在促进各相关部门或机构之间的信息共享与协同研究，确保各方能够在互补的基础上共同推进技术进步。

具体来说，可以考虑建立一个统一的数据共享平台，用于汇集和整合来自不同来源的相关数据资源。通过这样的平台，各个正在开发的模型都可以访问相同的基础数据集，从而减少各自独立进行数据收集与预处理所带来的工作量和成本。此外，共享平台还应该具备数据更新功能，确保数据的时效性和准确性。

除此之外，建议建立一个知识库或文档中心，用以记录和归档所有已有的研发成果和实践经验。这些资料应当包括详细的项目报告、技术文档、最佳实践指南等，以便后续的研发团队能够从中学习和借鉴，避免在相同的问题上再次投入不必要的精力。知识库还可以作为一个交流平台，促进研究人员之间的互动与合作，加速创新的步伐。

（2）监督点 2：收集的数据是否符合法律规定，排除数据安全隐患

针对大数据模型所收集的数据，必须高度重视数据安全问题。确保所采集的数据完全符合国家和地方的法律法规要求，严格遵循个人信息保护的相关规定，尊重并保护个人隐私权。对于涉及敏感信息的数据，应当采取必要的脱敏处理措施，确保即使数据被非授权访问，也无法直接识别到具体的个人。此外，敏感数据应当进行加密存储，以增加数据被窃取后的

破解难度。

为了进一步保护数据的安全，应严格控制数据访问权限，仅允许经过授权的人员或应用程序访问所需的数据。同时，采用先进的数据加密技术和传输层安全协议，确保数据在传输过程中不会被截取或篡改。这些措施可以有效地防止数据在传输和存储过程中被非法获取或篡改，从而保护数据的完整性和机密性。

除了上述技术手段之外，还应当建立一套完善的数据安全审计和监控机制。该机制应当包括定期对数据采集、处理和存储过程进行全面审计和持续监控，及时发现并解决潜在的数据安全风险。通过定期的审计报告，可以持续改进数据安全管理策略，确保数据保护措施始终处于最新状态，适应不断变化的安全威胁。

（3）监督点 3：监督线索跟踪处理，是否做到依法履职

在监督模型中，所采集的数据往往种类繁多且数量庞大，如果不加以妥善管理，极易导致数据的遗漏或丢失。因此，对数据线索的处理成了一个至关重要的环节。具体来说，需要明确数据线索是否得到了适当的处理，以及对显现的数据是如何进行分类、整理和分析的。

监督审查过程中，需要特别关注数据的保密存放或销毁处理措施是否得当。这包括但不限于对敏感信息的加密存储、对不再需要的数据进行安全销毁等。通过对这些措施的监督审查，可以确保监督线索不会因为在模型研发过程中被忽视而导致无法追踪或处理。

为了确保监督职责的连续性和完整性，有必要建立一套完整的线索跟踪管理系统。该系统应能确保每一条监督线索都能够得到及时处理和跟踪反馈。同时，对于数据线索处理的结果，需审慎评估其是否会对他人或社会造成不良影响，确保处理结果符合法律规定，不对公众利益造成损害。此外，还需制定明确的数据处理标准和流程，确保每一项数据线索处理活动都能被记录和审查。这不仅有助于提高工作效率，还能在出现问题时迅速定位原因并采取补救措施。

3. 数据分析步骤

（1）数据清洗

由于各单位数据管理平台存放数据标准不统一且数据信息录入时可能存在输入有误等问题，需要对获取到的信息进行数据清洗，将不符合要求

的数据进行更正或删除，可以有效避免在数据处理时出现错误。

（2）数据导入

将从各单位获取到的数据通过图形化数据库管理软件导入到关系数据库中。

（二）监督规则

一是通过大数据对比分析，对法律监督模型的研发进行审查，通过模型研发所收集的数据碰撞，选择最优质的监督模型，减少法律监督模型的重复研发，推动依法履职，融合履职，提高法律监督模型收集质量，减少研发资源的浪费，协调各方各部门建立协同合作机制，推进各机制之间相互进行监督，相互配合，共同打造依法履职的监督体系。

二是通过大数据碰撞分析，对于每个监督模型所收集的数据是否存在数据安全隐患进行监督，对于数据的内容储存不周很可能会造成相关的损失，甚至有的数据未能处理好会导致国家安全、社会公共利益、他人利益受损。因此，通过数据分析对比，将数据内容的安全问题纳入审查监督范围，加大数据监管力度，避免数据泄露造成的二次损害，故构建系统完备的数据储存体系和监督机制至关重要。

三是通过大数据信息处理分析，对模型收集的数据进行后续的处理监督。相关模型的数据是否经过分化处理，对于数据的处理方式、处理程序和处理的方法是否得当？模型的研发之初对于数据的保密储存，或者将使用完的数据进行销毁，将数据保存或者处理结果是什么样的状态，数据的处理结果能否达到监督的标准？因此，通过数据碰撞分析，需要对数据处理存在疏漏情况进行监督，制发检察建议，推动职能部门建立健全监督机制，补全数据处理的漏洞。

三、模型应用总结

（一）社会治理成效

1. 推进融合履职监督

为避免重复研发提供数据支撑，通过模型所收集数据审查监督，对相关模型的研发可以减少必要的程序，提高模型构建质量，避免了模型重复研发的同时也为新模型的创新提供了科学指南。高质量的应用审查监督体系离不开大数据的支撑，完备的监督体系需要经过数据的不断分析论证，保障模型制作者依法履职，为保证节约大量资源奠定了基础。

2. 推进数据安全保障

确保采集的数据信息符合相关法律法规的要求，尊重个人隐私权。对敏感信息进行脱敏处理或加密存储，限制数据访问权限，防止数据泄露，通过审查监督得到了相应的成效。保护采集的数据安全不受影响，在数据的传输过程中保证数据的安全储存，在模型构造中不因数据的储存而产生损害国家利益、社会利益以及他人利益的现象。

3. 推进大数据处理工作

在大数据处理工作中，对模型构建所采集的数据进行高效监督处理，有助于推进后续的模型研发，保障后续模型研发的数据得到有效处理。应用审查监督工作对模型数据采集，能够保证法律监督模型数据有效处理，有效制约模型的数据外放，是提高模型构建和数据保存的根本，是应用审查监督的核心所在。

（二）办案心得

一是融合履职监督。通过整合现有的数据资源，有效支持新模型的研发，避免了不必要的重复劳动。这不仅提高了模型构建的质量，还为创新提供了坚实的基础。一个高质量的审查监督体系必须依赖于大数据的支持，只有通过不断地分析和论证，才能确保模型的开发者依法履行职责，同时也为资源的节约作出了贡献。

二是数据安全保障。在数据采集和处理过程中，严格遵守法律法规，重视个人信息保护。通过对敏感信息进行脱敏处理或采用加密技术存储，限制了数据访问权限，有效减少了数据泄露的风险。确保数据安全不仅维护了公民的合法权益，也为模型开发创造了更加可靠的数据环境。

三是助推大数据处理。高效的监督机制对于大数据处理至关重要。它不仅能促进后续模型的研发，还能确保数据的有效管理和使用。监督工作的开展对数据采集起到了指导作用，有助于制约数据的不当扩散，这是提高模型构建质量和数据保存安全性的关键所在。

房屋征拆领域诈骗线索发现法律监督模型

关键词：机动侦查权；房屋征拆；诈骗犯罪；法律监督模型；数据赋能；检察侦查

一、模型研发背景与概述

（一）研发背景

检察机关在运用机动侦查权办理房屋征拆领域诈骗案件的过程中，受涉案金额巨大、人数众多、数据庞杂等因素的掣肘，导致办案效率不高、办案难度大。为进一步高质高效地办理好征拆领域诈骗犯罪案件，毕节市人民检察院、威宁自治县人民检察院总结案件特征、梳理办案规则，通过边建模边运用的模式设计研发房屋征拆领域诈骗线索发现法律监督模型，将相关数据进行整合和分析，通过多维度数据关联分析，快速识别异常数据及可疑人员，对案件侦破起到事半功倍的效果，实现了数字赋能检察侦查的新突破。

2016 年 5 月，中共威宁自治县委办、威宁自治县政府办印发通知，成立自治县城市建设工作指挥部（自治县棚改工作指挥部），全面统筹推进全县棚改工作。截至目前，威宁自治县已签已付已拆 5443 户（某乡镇 476 户、开华街道 10 户、六桥街道 2364 户、双龙镇 271 户、五里岗街道 481 户、雄山街道 180 户、海边街道 1661 户），房屋征收面积 814648.53 平方米，已付资金 263985.5 万元。威宁自治县检察机关在办案过程中，发现存在国家工作人员利用职权在征拆过程中实施诈骗犯罪，不仅严重影响国家机关形象和政府公信力，也使得国家遭受巨大损失，据毕节市威宁自治县人民政府初步估计，在此次征拆项目因诈骗犯罪损失的金额超过 5 亿元，党委、政府高度重视，查办此案对党和政府的中心工作推动意义重大。

（二）研发概述

2023 年 6 月 28 日，威宁自治县人民检察院接到威宁自治县公安局提请审查逮捕的犯罪嫌疑人孔某涉嫌诈骗案，经审查，发现威宁自治县某乡镇工作人员周某（事业编制身份）在征拆工作中有利用职权实施重大诈骗犯罪的嫌疑。威宁自治县人民检察院立即向毕节市人民检察院汇报并开展调查核实工作。毕节市人民检察院经对线索进行审查后报至贵州省人民检察院，2023年7月11日，经贵州省人民检察院决定，毕节市人民检察院于2023年7月17日对周某以涉嫌诈骗罪立案侦查。毕节市人民检察院在对周某涉嫌诈骗案件侦查过程中，发现该案涉案金额巨大、人数较多、通话记录和银行流水数据庞杂，鉴于此，毕节市人民检察院，威宁自治县人民检察院拟研发设计大数据模型对相关数据进行碰撞、运算，及时梳理出有效数据，助力案件侦破，同时服务类案的办理工作。

结合新时代数据赋能检察侦查工作新要求，房屋征拆领域诈骗线索发现法律监督模型通过“个案总结—数据碰撞发现线索—案件数据分析—确定犯罪嫌疑人—检察机关运用机动侦查权立案侦查”的路径实现数据赋能检察侦查提质增效。

二、数据分析方法与监督规则

（一）分析方法

1. 数据来源

乡政府拆迁办调取的拆迁户数据：拆迁户姓名、身份证号码、户籍地址、货币奖励情况、外村备注。

乡政府调取的拆迁工作人员及自行补充可疑国家公职人员的信息：单位姓名、职务分管工作、电话。

根据预警拆迁户名单及预警工作人员调取的银行流水：客户名称、客户账号、交易时间、交易金额、对方账号。

根据预警拆迁户名单及预警工作人员调取的通信话单：起始时间、通信地点、通信方式、对方号码、通信时长、通信类型、拨打方式、是否新通话、终端号码。

2. 监督点

对威宁自治县征拆工作进行调查。征拆工作组人员的职责是了解群众拆迁意愿、动员群众拆迁、参与拆迁房屋的资料审查审批等。拆迁工作人员利用职权在征拆过程中用如下手段实施犯罪：一是虚构房屋权属，以外村人名义冒名拆迁，骗取 40% 拆迁补偿。二是将别人不符合拆迁补偿条件的抢建房测量资料，秘密并入他人账户，骗取拆迁款。三是虚拟房屋，将其他拆迁户测量资料冒充自己房屋，并入他人户头参与拆迁，骗取拆迁款。四是伙同他人一起购买别人不符合拆迁条件的抢建房，并入他人户头拆迁，骗取拆迁款。五是虚报面积、房屋结构、房屋用途等，骗取拆迁款。

3. 数据分析步骤

第一步：梳理案件，提取要素。提取拆迁户档案数据。

第二步：录入拆迁户数据，通过模型预警，汇总分析拆迁户敏感数据，如外村、补偿拆迁款流水异常。

第三步：锁定异常，进一步对异常拆迁户的通信话单及银行流水进行比对分析，发现公职人员利用职权实施诈骗犯罪线索。

（二）监督规则

规则 1：拆迁户异常。筛选拆迁户中获得 40% 的拆迁补偿，发现疑似冒用外村人员户名的拆迁、拆迁金额巨大的，模型进行预警。数据要素：拆迁户姓名、身份证号码、户籍地址、货币奖励情况、外村备注。

规则 2：同一国家工作人员负责的征拆区域外村户头拆迁户数超过 20 户的，模型进行预警。数据要素：征拆工作人员姓名、电话号码、拆迁户姓名、身份证号码、户籍地址。

规则 3：拆迁款到账后向国家工作人员转账、短期大额取现的，模型进行预警。数据要素：国家公职人员姓名、电话，银行流水的客户账号、交易时间、交易金额、对方账号。

规则 4：拆迁款到账前后 3 天与国家工作人员存在异常交易流水≥ 3 次的，模型进行预警。数据要素：通信话单本机号码、对方号码、通话时长、拨打方式、起始时间。

三、模型应用总结

（一）应用案例

周某等人涉嫌诈骗罪机动侦查案

（贵州省毕节市威宁自治县人民检察院）

【关键词】

数字赋能　机动侦查　诈骗　拆迁领域　协调履职

【基本案情】

周某，男，威宁自治县某乡镇规划执法大队原工作人员、某乡镇棚改项目小组组长。

周某原，男，威宁自治县某乡镇某社区居民委员会原副主任。

卢某刚，男，贵州某工程建设咨询有限公司员工。

黄某鸿，男，贵州某咨询服务公司员工。

2015 年至 2019 年，贵州省威宁自治县组织实施某乡镇棚改项目。项目实施中，周某利用工作便利，以非法占有为目的，伙同周某原（周某胞弟）、黄某鸿、卢某刚、非拆迁户村民龙某荣及陶某宝（二人为周某鲜姐夫）和王某开，以及拆迁户孔某周等人共谋，采用虚构房屋、虚增房屋面积、虚报房屋权属、结构、性质等方式，合伙或单独作案 12 起，骗取国家拆迁款合计人民币 700.66 万元，其中既遂 549.66 万元，未遂 151 万元。

2023 年 7 月 11 日，经贵州省人民检察院决定，毕节市人民检察院对周某等人涉嫌诈骗一案立案侦查。侦查终结后，毕节市人民检察院将本案交由威宁自治县人民检察院审查起诉。2024 年 5 月 17 日，威宁自治县人民法院以诈骗罪分别判处周某、周某原、卢某刚、黄某鸿有期徒刑 8 年 6 个月至 9 个月等刑罚，周某等 8 人未上诉，判决已生效。

【模型应用与履职过程】

检察机关在运用机动侦查权办理房屋征拆领域诈骗案件的过程中，受涉案金额巨大、人数众多、数据庞杂等因素的掣肘，导致办案效率不高、办案难度大。为进一步高质高效地办理好征拆领域诈骗犯罪案件，毕节市人民检察院、威宁自治县人民检察院总结案件特征、梳理办案规则，通过边建模边运用的模式设计研发房屋征拆领域诈骗线索发现法律监督模型，将相关数据进行整合和分析，通过多维度数据关联分析，快速识别异常数据及可疑人员，对案件侦破起到事半功倍的效果，实现了数字赋能检察侦查的新突破。

数据赋能，全面突破。周某在被检察机关采取强制措施后，因前期相关部门多次对其调查未取得实质性进展，使其态度嚣张，加之其系警校毕业，具有极强的反侦查能力，一度强烈对抗侦查审讯，拒不交代犯罪事实。专案组通过全面收集数据，对相关人员社交软件、第三方支付平台、银行账单等大容量数据开展核对、碰撞等多维度关联分析，帮助侦查人员快速识别异常数据和可疑人员，对办案获取的数据进行分类储存，优化数据管理，有效整合各类数据信息，构建线索发现模型，对海量违法犯罪信息进行挖掘、分析研判，提升线索发现能力。在内外兼施的强大攻势下，周某最终交代了其利用职权伙同他人骗取国家拆迁款共计 1000 万余元的犯罪事实。

数字寻迹，扩大战果。类似的犯罪手法并非周某等人独有，潜在的同类犯罪可能大量存在，检察机关利用在侦查过程中调取的大量电子证据，进行分析比对，发现嫌疑人的作案手段和规律在数据中有迹可循。即以这些数据为基础，构建了征拆领域机动侦查案件线索发现法律监督模型，通过对拆迁户信息、国家工作人员信息、银行流水、卫星图片等数据的综合分析，成功发现数十条犯罪线索。检察机关依法立案侦查 2 件 3 人，移送监委、公安及其他检察院立案调查、侦查 20 余件 30 余人。

警示震慑，效果凸显。威宁自治县人民检察院结合案件办理情况，联合县纪委监委制作警示教育片，组织开展警示教育，有效震慑了不法分子。73 名党员干部和公职人员主动说清问题，退缴资金、安置房、安置地折合资金共计 2700 余万元；44 名群众主动退缴资金、安置房、安置地折合资金共计 1500 余万元。推动友好解除协议 509 份，变更协议 27 份，法院判处解除协议 7 份，为国家挽损资金和压减债务 5 亿余元。棚改信访事项从之前的 44 件下降到目前的 3 件。威宁自治县人民检察院就办案中发现的骗取拆迁款问题形成专题报告，联合县监委会签追赃挽损工作机制，并向政府部门制发检察建议，推动全县开展拆迁领域专项整治。周某等人涉嫌诈骗罪机动侦查案系监察体制改革以来贵州省检察机关机动侦查第一案，对激活机动侦查权起到了积极的作用。

通过构建数据分析模型，毕节市检察机关已成功对周某等 8 人涉嫌诈骗罪的行为进行了立案侦查，涉案总金额高达1000多万元。依据《中华人民共和国刑事诉讼法》关于案件管辖的规定，检察机关将征拆过程中发现的诈骗犯罪线索及时移交给威宁自治县纪委监委及公安机关。截至目前，纪委监委已对部分线索立案审查，公安机关也对部分线索展开了立案调查。

通过这一系列举措，检察机关协助党和政府追回了部分被骗资金，挽回经济损失共计5000多万元。此举不仅为党委、政府解决了实际困难，还彰显了检察机关在服务大局方面的积极作用。此外，这一模式在处理类似案件线索方面已经取得了显著成效，为今后处理类似案件提供了可借鉴的经验和方法。

进一步地，通过该模型的应用，还能够发现并查处其他可能存在的国家工作人员诈骗犯罪行为。预计在未来，借助这一模型的技术优势，可以为威宁自治县委、县政府挽回因征拆过程中的违法行为造成的经济损失超过1亿元人民币。

（二）办案心得

通过构建数据分析模型来打击房屋征拆领域的诈骗犯罪，体现出科技手段在现代检察工作中的重要性。该模型的应用不仅提高了办案效率，还增强了案件侦破的准确性。

一是数据驱动。通过收集和整合征拆过程中的大量数据，能够从中发现异常模式和潜在的欺诈行为。数据驱动的方法能够快速锁定嫌疑人，提高了案件处理的速度。

二是多方协作。在办理此类复杂案件时，与纪委监委、公安机关的紧密合作至关重要。通过及时共享信息和移交线索，形成合力，确保了案件的顺利推进。

三是经济损失挽回。利用模型识别诈骗行为，有助于及时阻止进一步的资金流失，并协助追回已被骗走的资金，这对于恢复公众信心和支持党和政府的工作具有重要意义。

四是提升公信力。严厉打击诈骗犯罪，保护公共财产不受侵害，不仅维护了法律尊严，也提升了政府机构的公信力和社会治理水平。

五是可复制性。此次成功的经验可以作为模板，推广到其他地区或部门，以应对类似的挑战。通过不断优化模型，可以持续提高打击犯罪的能力。

六是预防为主。除了事后追责，模型还可以用于预防潜在的违法行为。通过监测异常活动，提前预警可能发生的诈骗行为，从而减少损失。

密切接触未成年人单位入职查询法律监督模型

关键词：入职查询；从业禁止；未成年人；密接单位；融合监督

一、模型研发背景与概述

随着社会的发展，未成年人保护问题日益受到重视，特别是在密切接触未成年人的行业中，如何确保从业人员的素质成了一个重要的议题。近年来，我国已经将密切接触未成年人单位入职查询制度写入法律，以预防潜在的侵害行为发生。然而，尽管有了法律条文的支持，但由于密接行业涉及众多单位，并且监管的难度较大，导致在实际操作过程中难以实现精准有效的监督管理。

针对这一现状，法律监督模型的研发应运而生。此模型旨在通过数据建模的方式，收集并整合包括社保缴纳记录在内的各类从业人员数据，以及来自公安、检察、法院等部门的违法犯罪信息数据。通过对这些数据的碰撞、比对和分析，可以及时发现从业人员中可能存在从业禁止的情况，同时也能核查单位是否遵守入职查询的规定。此外，模型还能识别出可能存在管理漏洞或未依法缴纳社保等问题的单位，从而提供一个综合性的监督视角。

然而，在实际操作过程中，入职查询制度的落实并不理想。2022 年，贵州省毕节市人民检察院在处理一起徐某某强制猥亵案件时发现，徐某某作为某校外培训机构的教师，在该机构办公室内对未成年人实施了暴力猥亵行为。调查进一步揭示，该培训机构从未对其员工进行入职查询，这意味着若不严格执行入职查询制度，徐某某在刑满释放后仍有可能重返校外培训行业。鉴于此案例，毕节市、县两级检察机关联合公安、教育等多个部门进行了联合督导检查，发现多家校外培训机构和午托班存在未按规定备案及未依法开展入职查询等违规行为。

实际情况显示，除了学校以外，多数医疗机构、校外培训机构、午托班、儿童福利机构等密切接触未成年人的单位并没有开展入职查询，尤其是定期查询工作。更严重的是，部分单位处于监管真空状态，其员工信息不为任何主管部门所掌握，从而无法确认这些人员是否存在法律规定的不适任情形。入职查询制度的实际执行情况远未达到预期目标。

为了解决这一问题，传统的督导检查方法虽能在短期内发现问题，但难以实现根本性的改善。为了达到长效治理的目标，需要借助大数据技术的力量，通过数据建模实现对密切接触未成年人行业的动态监管全覆盖。在此背景下，毕节市人民检察院、威宁自治县人民检察院联合积极探索将监督职能与大数据技术融合，开发了密切接触未成年人单位入职查询法律监督模型。

通过这种预警机制，有关部门可以在核实预警信息后，采取相应的措施，比如开展行政公益诉讼监督、发出综合治理建议、监督刑事立案等，以此来确保那些不适合从事密接行业的人员不会留在相关岗位上。这样不仅能够促进相关单位更好地履行入职查询义务，而且也能够有效地填补管理上的空白，确保整个密接行业对于未成年人的保护措施能够真正落实到位。

二、数据分析方法与监督规则

（一）分析方法

1. 数据来源

数据种类主要分为违法数据、犯罪数据、社保数据和从业人员数据。违法数据主要来源于公安机关，犯罪数据来源于检察机关，社保数据来源于人社部门，从业人员数据来源于主管部门。目前，平台已收集全市违法数据、犯罪数据和黔西市、威宁自治县全部从业人员数据 20 万余条。

2. 数据获取方式

（1）建模初期

数据获取主要采取半自动化的方式。模型数据碰撞比对挖掘线索方面，主要采取 Excel 表格形式从有关单位进行刻盘再导入模型。同时，定期不断更新充实各类数据资源。入职查询功能方面，除 Excel 表格导入数据以外，还以数据接口的方式接入全省无犯罪记录查询数据库，支持调用查询。

（2）建模后期

逐步打通各方数据接口，彻底破除数据壁垒，实现数据资源共享，通过接口打通自动实时共享数据、实时碰撞比对，及时发现线索并预警。

3. 特征要素

（1）密接单位特征

学校、幼儿园、校外培训机构、未成年人救助保护机构、儿童福利机构、救助机构、婴幼儿照护服务机构、早期教育服务机构、校外托管、临时看护机构、家政服务机构、为未成年人提供医疗服务的医疗机构等对未成年人负有教育、培训、监护、救助、看护、医疗等职责的企业事业单位、社会组织等。

（2）违法犯罪案由特征

强奸、猥亵、组织卖淫、强迫卖淫、引诱卖淫、容留卖淫、介绍卖淫、虐待、拐卖、故意伤害等。

（3）碰撞比对所需关键要素

密接行业单位名称、从业人员姓名、从业人员的身份证号码、缴纳社保状态、首次缴纳社保时间；公安行政处罚案件编号、案件名称、涉案人员的姓名及身份证号码、案由、处罚时间及所在单位；检察院受理审查起诉案件统一编号、案件名称、涉嫌犯罪人员的姓名及身份证号码、案由、受理时间及审查起诉情况和判决情况等。

4. 逻辑规则

（1）个案监督点

监督点 1：密接单位从业人员疑似存在从业禁止情形。

研判说明：本监督点主要目的是通过数据建模，快速发现在职的密接从业人员存在性侵害、虐待、拐卖、暴力伤害等不适宜从事密接行业工作的线索。通过抓取所有密接行业从业人员信息与公安、检察等机关提供的违法犯罪人员信息进行碰撞比对分析，得出密接行业从业人员具有性侵害、虐待、拐卖、暴力伤害的疑似线索。

规则 1：确定密接行业从业人员。在人社社保数据中筛选出密接行业人员信息，对于教育、卫健、民政等部门提供的从业人员数据，自动判定为密接行业从业人员。

规则 2：确定从业人员是否在职。教育、卫健、民政等部门提供的从业人员数据自动判定为在职，社保数据中根据社保缴纳状态判定是否在职。即缴纳状态正常即为在职，反之为离职。

规则 3：从业人员有违法犯罪记录。将在职的密接行业从业人员信息数据与公安、检察等机关提供的违法犯罪人员信息进行碰撞比对，得出密接单位在职的从业人员中，具有性侵害、虐待、拐卖、暴力伤害的记录情形的线索。

（2）类案监督点

①监督点 2：缴纳社保密接单位疑似未履行入职前查询义务。

研判说明：未成年人保护法规定，密接单位应当进行入职前查询和入职后定期查询。本监督点的目的是发现缴纳社保密接单位未依法对相关从业人员开展入职前查询线索。即以未成年人保护法正式施行时间为节点进行判断，缴纳社保的密接单位从业人员在未成年人保护法施行前有性侵害、虐待、拐卖、暴力伤害等违法犯罪记录的，施行后入职的，即判定为密接单位疑似未履行入职前查询义务。

规则 1：未成年人保护法实施后新入职。对监督点 1 预警信息进行再次比对分析，即以未成年人保护法正式施行时间（2021 年 6 月 1 日）为节点，用入职时间（首次缴纳社保时间）与违法犯罪记录时间进行比对。如果入职时间大于未成年人保护法正式施行时间，即判定为施行后入职。

规则 2：先违法犯罪后入职。再次对违法犯罪时间与入职时间（首次缴纳社保时间）进行碰撞比对，如果入职时间大于违法犯罪时间，即判定为密接单位未履行入职前查询义务。

②监督点 3：缴纳社保密接单位疑似未履行定期查询义务。

研判说明：未成年人保护法规定，密接单位应当进行入职前查询和入职后定期查询。本监督点的目的是发现缴纳社保密接单位未依法定期对相关从业人员开展查询线索。即以未成年人保护法正式施行时间为节点进行判断，缴纳社保的密接单位从业人员在未成年人保护法施行前有性侵害、虐待、拐卖、暴力伤害等违法犯罪记录且在未成年人保护法施行前入职的，如果碰撞比对时间减去违法犯罪时间大于等于 12 个月的，即判定为未定期开展查询。

规则 1：未成年人保护法实施前新入职。对监督点 1 预警信息进行再次比对分析，即以未成年人保护法正式施行时间（2021 年 6 月 1 日）为节点，用入职时间（首次缴纳社保时间）与违法犯罪记录时间进行比对。如果入职时间小于未成年人保护法正式施行时间，即判定为施行前入职。

规则 2：违法犯罪后在职 12 个月以上。再次对违法犯罪时间与碰撞比对时间进行比对分析，如果碰撞比对时间大于违法犯罪时间 12 个月以上，即判定为密接单位未履行定期查询义务。

规则 3：密接单位超过 1 年，未通过模型开展入职查询记录的。

③监督点 4：脱管单位疑似存在未履行入职查询义务。

研判说明：实践中，脱管单位未依法开展入职前查询义务概率较大。因此通过数据碰撞比对，发现密接行业单位疑似脱管，即可判定为疑似存在未依法履行查询义务。

规则 1：未依法缴纳社保脱管。通过社保数据中密接单位信息与教育、民政等行政主管部门提供的密接单位及密接单位查询单位信息进行碰撞比对，未依法缴纳社保的即判定为密接单位从业人员脱管，疑似存在未依法履行查询义务情形。

规则 2：缴纳社保人员与实际人员不符脱管。如果规则 1 碰撞比对后，主管部门有备案且有社保缴纳信息，再对该单位行政主管部门报送从业人员和缴纳社保人员进行比对，差异超过 50% 的，也可判定为疑似脱管，存在未依法履行查询义务情形。

规则 3：未向行政主管部门备案脱管。模型建立了正常缴纳社保和主管部门备案的密接行业单位数据库，建立密接单位查询端口，检察官在履行法律监督职责过程中，通过系统输入密接单位名称即可进行自动碰撞比对，数据库中没有该单位信息的，即判定为脱管密接单位，疑似存在未依法履行查询义务。

④监督点 5：行政主管部门疑似怠于履行监督管理职责。

研判说明：行政主管部门对密接单位依法履行查询义务及招用、继续聘用具有监督管理责任。本监督点的目的在于发现行政主管部门在督查管理的密接单位履行入职查询义务工作情况。即同地区、同行业出现多次预警信息的，对应的行政主管单位疑似存在怠于履行监管职责情形。

规则：根据预警处置线索的预警信息进行地区、行业统计分析，对于同地区、同行业具有 3 条预警信息以上的，进行地区行业主管部门怠于履行监督管理职责预警。

（3）融合监督点

①监督点6：密接单位疑似存在未履行入职查询从重情节。

研判说明：未成年人保护法规定，拒不改正或者造成严重后果的，要从重处罚，并对直接负责的主管人员和其他直接责任人员依法给予处分。本监督点主要发现拒不改正和造成严重后果的线索。即通过预警数据的筛选、碰撞与比对，得出疑似存在拒不改正或造成严重后果的情形。

规则1：疑似拒不改正。通过对模型中预警信息进行分析，如果同一单位出现疑似未履行入职查询线索处置后，又出现新的预警信息，即预警单位末次处置反馈时间小于预警时间，则判定该单位疑似存在拒不改正情形。

规则2：监督点1预警信息中，如果密接单位从业人员存在两次违法犯罪记录，且两次违法犯罪记录时间超过12个月的，则判定为疑似造成严重后果情形。

②监督点7：密接单位疑似违反劳动法未依法缴纳社保。

研判说明：按照劳动法，用人单位应当依法缴纳社保。本监督点与监督点4规则1的规则及预警结果一样，即未依法缴纳社保脱管的同时，也存在未履行入职查询情形。

③监督点8：公安机关违法案件中疑似存在刑事犯罪线索。

研判说明：行为人多次性侵害、虐待、暴力伤害等违法的，可能达到情节严重的情形，即达到刑事立案追诉的标准。故本监督点对公安机关行政处罚数据进行筛选分析，得出疑似存在刑事犯罪立案监督线索。

规则：同一人存在2次同类违法行为。通过数据筛选公安机关行政处罚数据中，同一人具有2次以上同类案由的行政违法记录，即判定为疑似存在刑事犯罪线索。

5. 数据分析步骤

第一步：明确建模目的，确定所需字段。根据模型所涉及的监督点及需要实现的监督目的，梳理涉及数据来源单位必须提供的数据字段和辅助开展监督所需字段，对于必须但可能是无法获取的字段，考虑替换字段。

第二步：对接来源单位，获取所需数据。确定所需字段后，及时对接数据来源单位，获取相应的数据资源进入模型数据资源库。

第三步：数据关联碰撞，比对分析预警。根据监督点对应的监督规则进行数据关联碰撞对比分析，得出线索并进行预警。

一是通过社保数据进行筛选和对教育、民政和卫健等部门提供的密接行业从业人员进行标记，得出在职密接单位和密接行业从业人员数据。

二是通过对公安、检察、法院提供的违法犯罪数据进行筛选，得出性侵害、虐待、拐卖、暴力伤害等违法犯罪人员信息数据。

三是通过在职密接行业从业人员数据与具有性侵害、虐待、拐卖、暴力伤害等违法犯罪记录人员数据进行碰撞比对，筛选出在职密接行业从业人员中，具有性侵害、虐待、拐卖、暴力伤害等违法犯罪记录的在职密接从业人员信息，即进行监督点 1 的线索预警。

四是通过具有性侵害、虐待、拐卖、暴力伤害等违法犯罪记录的在职密接从业人员信息进行数据分析，根据违法犯罪时间、入职时间、新修订未成年人保护法施行时间以及碰撞比对时间四个维度进行比对分析。即当入职时间大于未成年人保护法正式施行时间和违法犯罪时间时，即判定为密接单位未履行入职前查询义务进行监督点 2 预警；当入职时间小于未成年人保护法正式施行时间，且碰撞比对时间大于违法犯罪时间 12 个月以上，即判定为密接单位未履行定期查询义务进行监督点 3 预警。

五是通过教育、民政和卫健等部门提供的密接单位数据与社保缴纳数据进行碰撞比对，得出未缴纳社保的单位，从业人员疑似脱管，进行监督点 4 和监督点 6 预警；如果有单位缴纳信息，则继续比对从业人员信息，如果两组从业人员数据比对差异超过 50% 的，也可判定为疑似脱管，进行监督点 4 预警；检察官手动录入密接单位名称，如果密接单位资源库中没有该单位，也判定为疑似脱管，进行监督点 4 预警。

六是模型自动记录预警处置记录，同一单位出现疑似未履行入职查询线索处置后，又出现新的预警信息，则判定该单位疑似存在拒不改正情形进行监督点 5 预警；密接行业从业人员同时存在违法记录和犯罪记录，则判定为疑似造成严重后果情形进行监督点 5 预警。

七是通过对具有性侵害、虐待、拐卖、暴力伤害等违法犯罪记录的在职密接从业人员信息进行数据统计分析，对于同地区、同行业具有 3 条预警信息以上的，判定为地区行业主管部门疑似怠于履行监督管理职责，进行监督点 7 预警。

八是对公安机关行政处罚数据进行筛选分析，得出同一人存在 2 次同类违法行为的，即判定为疑似存在刑事犯罪线索，进行监督点 8 预警。

九是常态化开展预警监督。每新增导入一次数据，无论是从业人员数据还是违法犯罪数据，模型进行自动碰撞比对；模型数据资源库中已有的从业人员信息每年至少碰撞比对一次，对于新增的违法犯罪记录进行实时预警；配套研发入职查询功能，对于模型资源库中没有的密接单位和从业人员，系统自动纳入资源库进行动态监督。

第四步：及时处置反馈，消除线索预警。预警线索根据地区进行分类推送。各地区对预警线索进行核实后，应当通过模型逐项反馈处置情况及开展法律监督情况，并自动消除预警，并将预警后消除预警情况计入模型用于监督点5的判断依据。

第五步：数据统计分析，可视化成效展示。对数据资源库、预警线索、处置近期、待处置情况等进行可视化设计，进行各类图表展示。

（二）监督规则

1. 依法开展行政公益诉讼监督

通过对模型预警线索进行核查，密接单位未依法履行查询义务或者履行了查询义务，但仍然招聘或者未依法解聘或者调离密接行业的，对相关单位开展行政公益诉讼监督。例如，威宁自治县人民检察院通过数据碰撞比对，发现威宁自治县某学校一名教师，存在猥亵违法行为，但该学校经过开展入职查询和定期查询后，行政主管部门并未将该老师调离学校，存在怠于履职情形。制发行政公益诉讼检察建议1件。针对校外培训机构托管未履行入职查询、存在安全隐患等制发行政公益诉讼检察建议3件。又如，Q市人民检察院，通过办理徐某某猥亵儿童案，将徐某某所在培训机构名称录入模型进行碰撞比对，得出该培训机构属于托管机构，疑似未依法履行查询义务。遂到现场实地走访核实，发现徐某某系公职教师，在校外培训兼职，校外培训机构存在安全隐患系列等问题，通过未检综合履职，衍生出相关行政公益诉讼案件5件，分别向教育科技局等有关部门共计制发5份行政公益诉讼检察建议。

2. 依法制发综合治理检察建议

通过对模型预警线索进行统计分析，可对行业主管部门对密接单位漏管、对密接行业从业人员存在打架斗殴、嫖娼等违法情形，但又不能认为是法律规定的必须解聘或者调离的情形，依法制发综合治理检察建议开展监督，促进行业主管部门堵塞监管漏洞，帮助密接单位发现从业人员职业道德等相关问题，从而针对性地加强教育引导，提高从业人员素质，进一步净化未成年人健康成长环境。例如，Q市人民检察院针对密接单位从业人员嫖娼问题，向相关部门制发职业道德和素养方面的综合治理检察建议1件。又如，威宁自治县人民检察院针对教师打架斗殴，但不属于法律规定的暴力伤害应当解聘或者调离的违法犯罪情形，向威宁自治县教育局制发了关于加强师德师风建设等方面的综合治理检察建议1件。

3. 强化预警信息线索共享移送

对于模型预警发出在职密接行业从业人员存在性侵害、虐待、拐卖、暴力伤害等违法犯罪情形以及密接单位存在脱管的线索，一律移送给对应的教育、民政等相关部门进行核查。同时，在线下核查开展法律监督过程中，发现需要移交税务、工商等部门处置的违法线索，依法全部移送处置，进而形成工作合力，共同推进密接行业综合治理，促进密接行业健康发展。

4. 依法开展刑事立案融合监督

通过碰撞比对发现刑事立案监督线索进行线下调查核实。目前，威宁自治县人民检察院已开展刑事立案监督1件，并已依法提起公诉。在开展立案监督工作的过程中，检察官还发现，嫌疑人所在单位违规继续向其发放工资待遇，侵害了国家利益，遂向其单位制发检察建议1件，督促整改，维护了国家利益，对被侵害的儿童依法进行司法救助。

三、模型应用总结

在未成年人保护的领域内，密切接触未成年人单位入职查询法律监督模型的应用已成为检察机关强化监督、预防犯罪的重要工具。这一模型通过数据整合与技术支撑，实现了对密切接触未成年人行业从业人员的全面审查与监督，为未成年人健康成长构筑起一道坚实的“防火墙”。

近年来，不少犯罪分子利用职业便利条件对未成年人实施不法侵害，严重损害了未成年人的合法权益。为应对这一严峻挑战，检察机关依法履职，推行数字检察工作机制，将密切接触未成年人单位入职查询法律监督模型作为关键手段加以推广。该模型通过调取教育、卫健、民政等部门的从业人员信息，与公安机关行政处罚记录、检察机关及人民法院的刑事案件数据进行碰撞比对，及时发现并排除潜在的风险人物。

在具体应用中，模型展现出强大的筛查与监督能力。以威宁自治县人民检察院为例，该院通过该模型对辖区内的公办学校、幼儿园、教培机构及保安人员等密切接触未成年人行业进行了深入的数据采集、比对与筛查。通过这一过程，不仅发现了多家单位存在落实入职查询制度不到位的情形，还成功排查出异常数据线索，进而开展针对性的调查与走访。这一系列举措有效堵塞了监管漏洞，预防了未成年人遭受不法侵害的风险。

此外，该模型的应用还促进了社会治理的现代化。检察机关在运用模型开展法律监督的同时，积极与相关部门沟通协调，推动入职查询制度的制度化、长效化与规范化。通过制发检察建议、开展行政公益诉讼等方式，督促相关单位严格落实入职查询、强制报告等制度，将侵害未成年人犯罪案件消灭在萌芽阶段。这不仅体现了检察机关的依法履职与融合履职能力，也彰显了数字赋能检察工作的巨大威力。

综上所述，密切接触未成年人单位入职查询法律监督模型的应用为未成年人保护工作注入了新的活力与动能。通过这一模型，检察机关能够更精准、高效地开展法律监督工作，及时发现并排除潜在风险，为未成年人创造一个更加安全、健康的成长环境。未来，随着数字检察工作的深入推进，该模型的应用前景将更加广阔，为未成年人保护工作贡献更多力量。

民事终结本次执行法律监督模型

关键词：高消费信息；名下存款信息；基金信息；不动产信息；企业登记信息

一、模型研发背景与概述

在司法实践中，人民法院与人民检察院之间的信息沟通不畅，导致对人民法院民事执行工作的监督主要依赖于人工查询等方式。这种方式不仅工作量庞大，而且信息更新相对滞后，导致监督效果不佳。尤其是在一些情况下，人民法院在被执行人仍有可供执行财产的情况下，却违法裁定终结本次执行程序，这直接影响了申请执行人合法权益的实现。

现行的人民法院财产调查措施通常依赖于法院“总对总”查控系统的“一键式”查询功能。该系统可以集成被执行人名下的银行账户、车辆、房产以及微信、支付宝等财产信息，但在实践中，这一系统仍存在明显的漏洞和不足。例如，被执行人的保险、住房公积金、到期债权以及未过户房产等信息无法通过“总对总”查控系统获得。

为了解决上述问题，民事终结本次执行法律监督模型应运而生。该模型通过汇集被执行人在各个部门之间的海量信息数据，并运用大数据分析技术对其进行筛选和降维处理，使得数据量减少到可审查的范围内，从而便于进一步研判分析。借助这一模型，可以及时发现被执行人是否拥有可供执行的财产，以及人民法院是否在未穷尽调查措施的情况下就裁定终结本次执行程序，进而为后续的监督工作提供明确的方向。

通过该模型的应用，可以提高监督工作的效率和质量，确保人民法院在执行程序中遵循法定程序，充分保障申请执行人的合法权益不受损害，从而维护司法公正和社会公平正义。

二、数据分析方法与监督规则

（一）分析方法

1. 数据来源及载体

数据来源1：法院。数据载体：人民法院审判管理系统中的移送立案执行时间，人民法院民事审判系统中的民事案件案号、民事判决金额，人民法院执行系统中的执行通知书，人民法院执行系统中的被执行人财产网络查询结果，人民法院执行系统中的“终本”裁定书。

数据来源2：公安部门。数据载体：公安机关车辆管理系统中的车辆登记信息、登记状态，公安机关客车管理系统中的住宿登记信息。

数据来源3：银行、金融部门。数据载体：银行信息系统中的个人账户结构化信息表，证券信息系统中的结构化登记表。

数据来源4：不动产登记部门。数据载体：不动产登记信息系统中的结构化登记表。

数据来源5：市场监管部门。数据载体：国家企业信用信息公示系统中的注册登记、企业经营状态。

数据来源6：人社部门。数据载体：社保缴纳、养老保险金信息。

数据来源7：公积金管理部门。数据载体：公积金账户金额。

数据来源8：铁路、民航售票管理系统。数据载体：被执行人身份信息所涉购票信息。

2. 监督点、研判规则及数据要素

监督点：人民法院是否穷尽调查措施进而作出终结本次执行程序裁定？

规则1：车辆登记信息与“终本”人员信息进行碰撞分析。被执行人有车辆，法院裁定“终本”执行的案件，系统发出监督预警提示。

数据要素：被执行人的姓名、身份证号码，车辆登记系统中的身份证号码、车牌号，“终本”人员信息数据。

规则2：住宿登记信息、机票、高铁票与“终本”人员信息进行碰撞。被执行人在星级以上宾馆、酒店等场所进行高消费，高铁、飞机票有头等舱出票信息，法院“终本”执行，系统发出监督预警提示。

数据要素：住宿登记的姓名、身份证号码，登记地点、酒店星级、飞机和高铁票据、“终本”人员信息数据。

规则3：被执行人的银行存款信息、证券机构股票、基金信息与“终本”人员信息进行碰撞。被执行人名下有存款余额、持有证券机构股票、持有基金，法院“终本”执行，系统发出监督预警提示。

数据要素：被执行人的身份证号码、银行信息系统中个人的存款余额、证券信息系统账户及额度、“终本”人员信息。

规则4：被执行人的不动产登记信息与“终本”人员信息进行碰撞。被执行人名下登记有不动产信息，法院“终本”执行，系统发出监督预警提示。

数据要素：被执行人的身份证号码、不动产登记系统中的权利人的姓名、身份证号码及产权证书号、不动产坐落位置，“终本”人员信息。

规则5：市场监管局企业登记信息与“终本”人员信息进行碰撞。被执行人出现在企业登记系统中有注册登记记录且企业经营状态为“正常营业”，法院“终本”执行，系统发出监督预警提示。

数据要素：被执行人的姓名、身份证号码，企业经营状态，人民法院执行系统中的“终本”人员信息结果。

规则6：社保信息与“终本”人员信息进行碰撞。被执行人有缴纳社保或领取养老保险金的，法院“终本”执行，系统发出监督预警提示。

数据要素：被执行人的姓名、身份证号码，社保缴纳或领取养老保险金信息，“终本”人员信息。

规则7：公积金账户与“终本”人员信息进行碰撞。被执行人公积金账户有存款，法院“终本”执行，系统发出监督预警提示。

数据要素：被执行人的姓名、身份证号码，公积金账户，“终本”人员信息。

规则8：“终本”人员信息与关联民事裁判文书进行碰撞。被执行人作为原告且裁判结果获得经济利益或即将获得经济利益的，法院“终本”执行，系统发出监督预警提示。

数据要素：被执行人关联民事裁判文书中原告的姓名、身份证号码，裁判结果，“终本”人员信息。

3. 数据分析步骤

（1）数据清洗

由于各单位数据管理平台存放数据标准不统一且数据信息录入时可能存在输入有误等问题，需要对获取到的信息进行数据清洗，将不符合要求的数据进行更正或删除，可以有效避免在数据处理时出现错误。

（2）数据导入

将从各单位获取到的数据通过图形化数据库管理软件导入关系数据库。

分析明确监督点和规则，梳理规则、数据要素从而确定数据在计算机中的具体碰撞方式。

（3）数据分析处理

通过计算机编程语言提取数据中的部分关键信息如姓名、身份证号码等进行比对碰撞，从而使得表与表之间产生关联，使得监督点能碰撞产生出有关于“终本”人员的车辆、高消费、名下存款、证券、基金、不动产、企业信息、社保、养老保险金、公积金、作为原告且裁判结果获得财物等信息。程序根据信息统计分析，将信息以“终本”人员为单位进行显示，能直观地了解该人员的各项信息，有效地提高监督工作的效率。

（4）数据可视化展示

根据模型碰撞出的信息、数据总体概况等进行统计，借助可视化平台进行数据展示，可直观有效观察出数据碰撞的有效性和精准性。

（二）监督规则

针对民事终结本次执行的案件，检察机关可以多措并举。一方面，通过人民法院的查控系统、公安机关车辆管理系统、金融机构系统、不动产登记系统、工商登记管理系统、铁路、民航售票系统进行数据碰撞、分析被执行人及其配偶的财产情况，发现有履行能力的被执行人，人民法院“终本”的监督线索；另一方面，对有履行能力的被执行人，通过民事虚假诉讼故意的线索，移送拒不执行判决裁定、虚假诉讼等相关犯罪线索。

三、模型应用总结

民事执行是我国执行体系的重要组成部分，人民检察院依法履行民事执行法律监督职责，对于维护国家司法公信力，维护民事执行公平公正，维护被执行人及其他有关人员的合法权益，促进我国刑罚执行制度的健全与完善，具有重要意义。

该模型有助于促进检察监督模式的创新。模型紧紧围绕大数据赋能检察机关高质量发展要求，充分借助大数据拓展监督渠道、创新监督方法、提升监督能力、提高监督效率，将大数据与法律监督工作融会贯通，以数据为基础，以系统信息为载体，通过大数据对民事执行进行全方位、多角度的监督，向科技要警力，向科技要效率，从而实现大数据赋能检察监督工作高质量发展。推动检察监督体系的完善，促进国家治理体系和治理能力现代化。

民事终结本次执行法律监督模型有助于推动民事执行类案件的全面精准监督常态化。模型弥补了检察机关在民事执行监督工作上信息掌握不全面、办案人员不足、信息滞后等问题，检察机关在案多人少的情况下，如果按照常规监督模式，很难履行对人民法院民事执行监督工作。但以系统依托大数据，通过海量数据核查工作发现监督线索的常态化进行，及时有效地发现“终本”违法及司法工作人员相关职务犯罪线索。

加油站偷逃税款法律监督模型

关键词：偷逃税；数字监督模型；大数据分析；税收征管；检察建议

一、模型研发背景与概述

2023年，贵州省毕节市税务局稽查局在接到相关部门移送的线索后，对威宁自治县某加油站展开了深入调查。

经查实，该加油站采用通过个人账户收取部分销售款项的方式，故意隐匿销售收入。这种行为违反了正常的纳税申报流程，属于虚假纳税申报，从而导致少缴增值税等税费达152.29万元。毕节市税务局稽查局严格依据《中华人民共和国行政处罚法》《中华人民共和国税收征收管理法》等相关法律法规，对该加油站采取了一系列措施。首先，依法追缴其少缴的税费，确保国家税收不被非法侵占。其次，加收滞纳金，对其违法行为给予惩罚性制裁。最后，给予相应的罚款处罚。三项措施共计224.99万元。

大量税收流失现象严重侵害了国有财产安全，使得国家利益和社会公共利益持续遭受侵害。鉴于此，威宁自治县人民检察院依法履职，结合加油站惯常使用的逃税手法，着手构建加油站偷逃税数字监督模型。具体步骤如下：首先，深入研究加油站的经营模式和常见逃税手段。其次，利用大数据等技术手段，整合相关信息，建立起能够精准识别偷逃税行为的数字模型。最后，通过该模型对加油站的纳税情况进行实时监测，及时发现并查处偷逃税行为，旨在为国家挽回损失，维护国家税收秩序和公共利益。

二、数据分析方法与监督规则

（一）分析方法

在构建加油站偷逃税数字监督模型的过程中，采用了系统化的大数据分析方法来提升税收征管的效率和准确性。首先，深入研究加油站的经营模式和常见的偷逃税手段，以确保模型的设计能够覆盖各种潜在的违规行为。随后，利用大数据技术手段，整合了来自市场监督管理局、税务部门、威宁自治县供电局以及自行暗访等多个渠道的数据，涵盖了加油站的企业名称、法定代表人、经营状态、税款入库情况、申报收入、用电量等关键信息。

具体而言，通过大数据分析技术，建立了能够精准识别偷逃税行为的数字模型。模型的设计基于以下几个关键步骤：首先，分析加油站的收入与其所在乡镇的人口数量之间的关系，以及收入与用电量之间的关系，以识别异常收入申报。其次，将被查获的某加油站作为参照点，计算其实际收入与人口比例、用电量比例，并据此设定基准点，用以评估其他加油站的数据。

通过这些基准点，对比其他加油站的数据，识别出收入与人口或用电量不成比例的情况。例如，如果加油站的用电量较高但申报收入较低，或是在某些月份申报收入为零但仍保持较高的用电量，这些都将被视为异常点。对于出现异常点的加油站，进一步核实其收款账户是否使用公账，以确认是否存在通过个人账户隐匿销售收入的行为。

此外，根据异常点的数量确定了排查批次，优先排查存在多个异常点的加油站，并通过暗访等方式进行细致检查。这一系列措施不仅提高了监管效率，减少了人力成本，还实现了对加油站纳税情况的实时监控，有效遏制了偷逃税行为的发生。

通过该模型的应用，不仅挽回了大量经济损失，维护了国家税收秩序和公共利益，还通过依法惩处逃税行为，彰显了法律的权威性和严肃性，促进了法治社会的建设。同时，针对发现的监管漏洞，及时发出检察建议，促使相关部门采取措施堵塞管理漏洞，确保税收征管和市场秩序的规范。

（二）监督规则

1. 监督点

规则 1：加油站的收入应与其所在乡镇的人口成正比，人口基数较大的，相应加油站的收入更高。数据要素：加油站申报收入、所在位置乡镇人口数量。

规则 2：以被查获的某加油站为参照点，查获实际收入与人口比例为基准点。数据要素：查获的实际收入、人口数。

规则 3：加油站收入与其用电量成正比，用电量较大的，相应加油站的收入更高。数据要素：加油站收入、加油站用电量。

规则 4：以被查获的某加油站为参照点，查获实际收入与用电量比例为基准点。数据要素：查获的实际收入、用电量。

规则 5：加油站每月申报收入与用电量的比例，收入低反之用电量高的，视为该月虚假申报作为重点监督。数据要素：加油站每月申报收入、每月用电量。

规则 6：加油站每月申报数为零，仍然与正常经营加油站用电量持平的，视为加油站没有申报税款。数据要数：申报收入为零的加油站、用电量。

规则 7：出现上述异常行为的，逐一到加油站核实收款账户是否用公账。数据要素：加油站收款码属性。

2. 数据来源及载体

数据来源 1：市场监督管理局。数据载体：威宁自治县内所有加油站企业名称、法定代表人、经营状态、企业类型、经营地址。

数据来源 2：税务部门。数据载体：加油站 2023 年入库税款、申报收入、存款账户信息。

数据来源 3：威宁自治县供电局。数据载体：加油站每月用电量。

数据来源 4：自行暗访，确认加油站收款码是否为公账。

3. 对比规则

异常点 1：以被查获的某加油站的实际收入除以人口比例作为参照点。具体操作步骤：先准确计算出某加油站的实际收入与人口比例的数值。然后，对其他加油站进行同样的计算。若其他加油站得出的比例数值低于某加油站的该比例，则将其视为异常点 1。

异常点 2：以被查获的某加油站实际收入除以用电量作为参照点。先算出某加油站实际收入与用电量的比例。接着，针对其他加油站进行相同计算。当其他加油站的该比例低于某加油站的比例时，视为异常点 2。

异常点 3：对于加油站，计算每月申报收入数额除以每月用电量的数值。在这个过程中，如果出现用电量高而申报收入低的月份，即确定为异常点 3。具体步骤：逐月对比加油站的申报收入与用电量情况，找出用电量相对较高但申报收入明显偏低的月份进行标记。

异常点 4：若加油站每月申报数额为 0，且该月份的用电量高于兔街镇某加油站平均月份用电量，则确定为异常点 4。首先，确定某加油站的平均月份用电量。然后，检查加油站各月申报情况，对于申报数额为 0 的月份，对比其用电量与某加油站平均用电量，符合条件的标记为异常点 4。

4. 根据异常点数量确定排查批次

当加油站同时包含上述四个异常点时，将其作为第一批排查对象，对这些加油站逐一进行暗访排查，重点检查是否存在不用公账收款的情况。若加油站出现三个异常点，则作为第二批排查对象。同样，对这些加油站进行暗访排查，关注其收款方式是否规范。当加油站出现两个异常点时，列为第三批排查对象，按照既定程序进行暗访排查。 而对于仅出现一个异常点的加油站，作为第四批排查对象进行相应的暗访排查工作。通过以上步骤，可以较为系统地对加油站进行排查，确保其经营活动的规范性和合法性。

5. 线索移送及监督工作

（1）发现线索移送

当发现有关线索后，应及时将线索移送至威宁自治县税务局。威宁自治县税务局在接收线索后，负有向毕节市税务局稽查局报送的职责。毕节市税务局稽查局在接到线索后，需展开一系列核查工作。首先，核查企业的税控机，确认是否存在修改数据的情况。这一步骤至关重要，因为税控机数据的真实性直接关系到企业纳税申报的准确性。其次，全面检查企业法人、股东、员工的个人银行流水及微信流水。通过对个人资金往来的审查，可以发现是否存在与企业经营相关的异常资金流动。再次，仔细核查企业公账银行流水，确保企业对公账户的资金往来符合正常的经营活动和纳税要求。最后，对第三方代支代收平台流水进行排查，防止企业通过第三方平台进行不正当的资金操作以逃避纳税。通过这些核查手段，能够精准核定企业的逃税数额，为后续的处理提供准确依据。

（2）调阅成案案件

通过调阅毕节市税务局稽查局针对移送线索成案的案件，进行深入分析。若发现存在应移送公安机关而未移送的情况，应立即开展立案监督工作。同时，在审查案件的过程中，要留意税务局、市场监管局、工信局、商务局等加油站管理部门在监管过程中可能存在的漏洞。一旦发现监管漏洞，应及时发出检察建议。检察建议应明确指出问题所在，并提出具体的整改措施和建议，以促使相关部门加强对加油站的监管，堵塞管理漏洞，确保税收征管和市场秩序的规范。

三、模型应用总结

通过对加油站纳税情况的实时监测，及时发现并查处偷逃税行为，为国家挽回了大量的经济损失，如依法追缴某加油站少缴的税费，并加收滞纳金及罚款，有效保障了国家税收不被非法侵占。该模型的应用不仅打击了个别逃税者的违法行为，还对其他经营者起到了警示作用，促使更多加油站自觉遵守法律法规，规范经营行为，从而维护了市场的公平竞争秩序。利用大数据技术整合相关信息，建立起了能够精准识别偷逃税行为的数字模型，相比传统的人工核查方式，大大提高了监管效率，减少了人力成本，实现了对加油站纳税情况的实时监控。在模型的应用过程中，税务局、市场监管局、工信局、商务局等多个部门形成了良好的协作机制，共同参与对加油站的监管，确保了税收征管和市场秩序的规范，一旦发现监管漏洞，及时发出检察建议，促使相关部门采取措施堵塞管理漏洞。通过公开曝光典型案件，增强了公众对政府打击偷逃税行为的信心，提升了政府公信力，让公众看到政府在维护税收秩序方面的努力，对社会公平正义有了更多的信心。此次行动不仅追缴了巨额税款，还通过依法惩处逃税行为，彰显了法律的权威性和严肃性，促进了法治社会的建设；同时，通过构建数字监督模型，为未来的税收监管提供了科学的方法和技术支持。综上所述，应用加油站偷逃税数字监督模型在挽回经济损失、规范市场秩序、提高监管效率等方面取得了显著成效，为维护国家税收秩序和促进社会公平正义做出了积极贡献。

命案防控大数据预警模型

关键词：命案防控；大数据预警模型；数据分析；监督规则；多部门联动

一、模型研发背景与概述

在司法实践中，命案通常是发生在报警之后，由公安机关和司法机关介入进行侦查处理。然而，这种事后打击的方式仅能起到震慑作用，并不能有效降低命案的发生率。为了从根本上减少命案的发生，需要转变思路，不仅要注重打击犯罪，更要加强预防，实现“打防并举，标本兼治”。

基于这一理念，命案防控大数据预警模型应运而生。该模型通过收集和整合相关单位的数据资源，包括“一中心一张网十联户”治理模式产生的数据，运用大数据分析技术，精确识别出潜在的命案高风险人群，并将其信息推送给相关部门，以实施有针对性的防控措施，从而提高命案防控的准确性和有效性。

此外，该模型还接入了互联网舆情监控系统，设置了特定的数据抓取规则，通过多维度数据分析筛选出命案防控的重点对象。同时，模型中设置了警医救治监督功能模块，用于排查救治不及时等可能导致命案升级的信息。通过与全国检察业务应用系统中的命案及相关防控数据进行对比分析，该模型还可以对命案高发区域进行可视化标注，以便于相关部门采取更有针对性的措施。

经过初步筛选，模型已识别出涉及命案的潜在高危人员共 13 例。通过对已办结命案的分析发现，检察机关受理的命案中，由婚恋纠纷引发的比例最高，其次是因临时琐事纠纷引发的命案，以及因历史矛盾积累而导致的命案。另外，精神疾病患者作案的情况也占有一定比例。

为了防止“民转刑”“刑转命”等恶性事件的发生，检察机关积极履行职能，借助数据赋能，开发了命案防控大数据预警模型。该模型专门针对那些可能因故意杀人、故意伤害等危险行为而引发命案的重点人员进行预警和防控，力求从源头上减少命案的发生，为社会稳定和谐贡献力量。

二、数据分析方法与监督规则

（一）分析方法

1. 数据来源

（1）基础数据

公安机关：110 指挥中心接报警信息、吸毒人员信息。

检察院：刑事案件嫌疑人信息、行政违法嫌疑人信息。

司法局：刑满释放人员信息、社区矫正人员信息。

民政部门：离婚登记人员信息。

人民法院：民事诉讼原被告信息。

信访局：信访人员信息、重复信访人员信息。

综治中心：调解数据、五失人员信息（精神病人信息）。

接入互联网舆情监控系统设置数据抓取规则。

（2）数据获取方式

目前，通过函调方式向涉及单位获取相关数据信息，现已获得政法委支持，下一步将依托政务外网获取非密数据。

（3）类案特征要素

数据要素：被害人、犯罪嫌疑人。

数据载体：人员姓名、户籍、案发地、身份证号码。

（4）关键词

行政违法人员、社区矫正对象、刑事嫌疑人、离婚登记人员。

行政违法案件类别：殴打他人、赌博、寻衅滋事、故意伤害、吸毒。

刑事案件类别：故意伤害、故意杀人。

民事纠纷类型：追索劳动报酬纠纷、民间借贷纠纷、同居关系纠纷、离婚纠纷。

2. 逻辑规则及数据分析步骤

（1）逻辑规则

规则 1：统计比对数据中某人出现的次数和频率等规律，对婚恋家庭纠纷等重点防控领域建立专项预警规则，同时梳理涉命案言论关键字，并通过舆情分析系统实时获取互联网平台中涉命案防控（扬言报复等）信息，通过多维度数据画像精准筛选出命案防控重点人员。数据中的次数代表了某人参加过该类活动，一次赋予一星，三星赋淡橙色、四星赋橙色、五星赋红色、六星及以上赋深红色，次数多、频率高等规律特征就代表了该人员经常涉及婚恋纠纷、调解、信访等事项，赋星越多、颜色越浓代表风险越高。

再通过调查、走访了解等方式，对该人员信息进一步人工核实确认后，可将该人员推送综治中心、派出所作为重点防控人员进行重点和精准防控，以防止该人员实施故意杀人、故意伤害行为，防止“民转刑”“刑转命”案件发生。

规则 2：对当年命案发案数在全县排名前五位的地区，向本院刑检部门推送线索，刑检部门将通过制发检察建议等方式开展监督，强化综合治理。

（2）数据分析步骤

数据清洗：由于各单位数据管理平台存放数据标准不统一且数据信息录入时可能存在输入有误等问题，需要对获取到的信息进行数据清洗，将不符合要求的数据进行更正或删除，可以有效避免在数据处理时出现错误。

数据导入：将从各单位获取到的数据通过图形化数据库管理软件导入关系数据库。

数据分析处理：根据实际需求，借助强大的 Spring Boot 框架，运用 Java 编程语言对数据库展开多表查询操作。先根据特定的查询条件对数据库中的多个表进行查询，获取人员信息。接着，依据查询到的人员信息再次进行多表查询，进一步挖掘与命案防控相关的线索以及具体案件概况等重要内容。在这个过程中，最终会根据某人在数据库中出现的次数来赋予相应的星级颜色。对于出现次数较多、风险程度较高的人员，进行深入的调查和走访了解。通过人工核实的方式，确保信息的准确性和可靠性。核实后，将这些高风险人员推送至相关部门，以便相关部门能够进行重点、精准防控，提前采取有效措施，降低命案发生的风险，切实维护社会的安全与稳定。

数据可视化展示：依据对当前现有的命案防控线索以及各类数据概况展开全面统计。在此基础上，充分借助可视化平台来进行数据展示。通过这种方式，能够将复杂的数据以直观的图表、图形等形式呈现出来。这样一来，人们可以更加清晰地观察到不同数据之间碰撞产生的结果，进而有效判断出数据碰撞的有效性和精准性。无论是防控线索的关联程度，还是数据所反映出的潜在风险，都能在可视化平台上一目了然地展现，为命案防控工作提供有力的支持和决策依据。

（二）监督规则

通过大数据碰撞分析，发现旧怨矛盾纠纷、婚恋矛盾纠纷及时进行矛盾化解或将线索移送相关部门，实行多部门联动解决基础纠纷，以防矛盾进一步激化，导致“民转刑”案件的发生。对医疗部门进行监督，将涉及故意伤害类救治不及时的信息进行统计汇总，制发检察建议，畅通救助渠道，确保受害人得到及时救治，杜绝“刑转命”，最大化减少命案发生。通过大数据碰撞分析，积极作为自行补侦。为更好地指控犯罪，检察官针对比对结果针对性开展侦查工作，查找漏点、盲点，更好地打击了犯罪，进一步降低了嫌疑人再犯的可能性。

三、模型应用总结

通过大数据模型筛选，在调取的 27 余万条信息数据中，筛选出三星淡橙色人员信息 905 条、四星橙色人员信息 206 条、五星红色人员信息 70 条、六星深红色人员信息 42 条等，最多的出现了 9 星。按照模型设置，信息出现四次以上属于危险人员，出现五次以上是高危人员。

模型充分利用检察机关现有数据，分析已发命案特点。针对婚恋纠纷引发案件最多的情况，模型中开启婚恋纠纷命案防控专项监督，将婚恋矛盾比较激化的人员列为重点防控对象。通过使用模型验证已发生命案，在导入数据后，筛选出的重点人员中，确有 247 人涉嫌犯罪被审查起诉，严某某等 13 人已涉嫌实施命案犯罪，验证了模型的准确性。

同时，模型通过汇聚各地命案信息及防控经验报道可供查询，举一反三，加强类案治理，以命案规律性研究及防控经验推广，持续提升命案防控能力及预防治理水平。并设置警医救治监督模块，通过该模块功能排查涉故意伤害类案件救治不及时等信息，畅通救助渠道，确保受害人得到及时救治，杜绝“刑转命”，最大化减少命案发生。模型还将全国检察机关业务应用系统中的命案数据与防控数据对比分析，剖析命案规律及发案重点，倒查防控漏洞，对命案重点地区进行可视化标注，完善矛盾纠纷排查化解的盲点、漏点。

要真正达到“命案可防可控可降”的要求，仅仅依靠传统的打击命案犯罪手段是远远不够的。必须高度重视对命案的防控工作，将命案的发生尽可能地扼杀在萌芽状态。在新形势下，人民群众对检察机关有着新的期盼，同时提升人民群众的安全感也是至关重要的任务。这就要求检察机关坚决坚持“打防并举”的工作方针。命案防控大数据预警模型的研发与应用，正是不断创新工作思路的具体实践体现。通过该模型，能够实现线索筛选的高效化，精准地从海量信息中找出可能引发命案的潜在风险线索。同时，也能促使法律监督常态化，确保对各类风险因素的持续监控。自运用模型以来，有力地推动完善了矛盾纠纷化解机制。能够及时发现并妥善处理可能导致“民转刑”“刑转命”的矛盾隐患，有效防止了此类案件的发生。进而降低了命案发案率，为人民群众创造了更加安全稳定的社会环境，极大地提高了人民群众的安全感和满意率，切实履行了检察机关在维护社会稳定、保障人民安全方面的重要职责。

社区矫正收监执行刑罚监督模型

关键词：社区矫正对象；刑事；行政处罚人员；脱离监管；暂予监外执行；保外就医

一、模型研发背景与概述

社区矫正制度作为对罪犯基本人权的保护措施，是我国刑法体系建设的重要组成部分，同时也是推进法治社会建设的关键环节。然而，社区矫正对象的身份仍然是罪犯，对于那些违反了监管规定、应当被收监执行刑罚的对象，确保他们被及时收监是保障刑罚正确实施的重要执法活动。这一举措对于维护法律的权威性与公正性，以及促进我国刑罚执行制度的健全和完善，具有不可替代的重要性。

基于这一认识，威宁自治县人民检察院建立了社区矫正收监执行刑罚监督模型。该模型旨在通过比对社区矫正对象信息与公安机关行政处罚名单、司法局训诫警告及建议收监名单等信息，实现对收监执行违法情形的精准监督。模型将比对结果以可视化形式输出，有助于增强收监执行的及时性和有效性，从而提升刑罚执行的整体质量和效果。

2022 年，公诉部门在办理一起抢劫案时发现，犯罪嫌疑人蔡某某是一名处于假释状态的人员。随后，刑事执行部门介入调查，确认蔡某某在假释期间再次犯罪，随即向司法局发送了收监执行检察建议书。经过人民法院裁定，蔡某某被收监执行刑罚。

威宁自治县人民检察院通过对这一案例的分析，认识到公安局与司法局之间信息不畅的问题。由于公安局在作出行政处罚时无法得知处罚对象是否属于社区矫正人员，加之处罚后也未将相关信息反馈给司法局，导致行政处罚未能准确适用裁量基准，司法局也无法根据行政处罚情况对违反监管规定的社区矫正对象采取相应的训诫、警告或提出收监执行的意见。

为了解决这一问题，提高监督效率，并确保所有违反监管规定的社区矫正对象都能被及时收监，威宁自治县人民检察院开发了社区矫正收监执行刑罚监督模型。该模型从社区矫正对象信息库中调取了200余条记录，从行政处罚信息库中获取了5000余条记录，并收集了1000余条活动轨迹信息，进行数据比对。通过这一过程，模型发现了2名违反监管规定但未被收监的社区矫正对象。目前，通过威宁自治县人民检察院的法律监督，对这2名对象已启动收监执行程序。

二、数据分析方法与监督规则

（一）分析方法

1. 数据清洗

由于各单位数据管理平台存放数据标准不统一且数据信息录入时可能存在输入有误等问题，需要对获取到的信息进行数据清洗，将不符合要求的数据进行更正或删除，可以有效避免在数据处理时出现错误。

2. 数据导入

将从各单位获取到的数据通过图形化数据库管理软件导入关系数据库中。

3. 确定数据碰撞方式

分析明确监督点和规则，梳理规则、数据要素从而确定数据在计算机中的具体碰撞方式。

4. 数据分析处理

通过计算机编程语言提取数据中的部分关键信息如姓名、身份证号码等进行比对碰撞，从而使得表与表之间产生关联，使得每个监督点都能碰撞产生出部分应收未收人员。由于模型涉及的表比较多，显示较为繁多，且这些碰撞出的应收未收人员的信息重复度高，故可采用合并的方式以人员为单位，对其各项信息（如行政处罚、脱离监管、保外就医等）进行合并显示，这样可以使得信息显示出较为清晰。

5. 数据可视化展示

根据模型碰撞出的信息、数据总体概况等进行统计，借助可视化平台进行数据展示，可直观有效观察出数据碰撞的有效性和精准性。

（二）监督规则

威宁自治县人民检察院将“融合理念”带到案件办理中，坚持依法履职，注重“四大检察”相互协作，具体分析如下：

2023 年 3 月 22 日，威宁自治县人民检察院通过模型，将社区矫正对象名单、行政处罚名单、提出收监执行建议名单进行比对，发现张某某的身份信息在社区矫正对象名单和行政处罚名单重合且不在提出收监执行建议名单内。

经调查，罪犯张某某因犯交通肇事罪，人民法院判处有期徒刑 10 个月缓刑 2 年，缓刑期为 2022 年 3 月 6 日至 2024 年 3 月 5 日。2023 年缓刑期间因参加赌博被威宁自治县公安局抓获，并对其作出罚款 500 元的行政处罚。目前为止，威宁自治县司法局尚未掌握张某某的行政违法行为。

经第三检察部审查认为：公安局并不知晓张某某是社区矫正对象，故在作出行政处罚时没有考虑其身份，仅对赌博的行为作出罚款。结合张某某的身份与行为，该行政处罚裁量幅度可能不合理。随后将线索移送行政检察部门调查核实。

经行政检察部门核实，原行政处罚确有错误，已向公安局发出检察建议，公安局拟改变原有行政处罚。威宁自治县人民检察院已监督司法局启动收监执行程序。

三、模型应用总结

在模型应用中，重点做好以下两点：

一是检察院内部融合监督。一方面，建立“四大检察”信息共享机制，依托全国检察业务应用系统，建立健全社区矫正对象违法犯罪需收监执行线索移送工作机制。另一方面，发现对社区矫正对象作出的行政处罚不合理的线索后，及时移送行政检察部门调查核实，若属于违反规定且情节严重的情形，立即推动收监执行程序启动。

二是与公安局、司法局建立联席会议制度，定期对社区矫正对象收监执行中遇到的问题进行交流探讨，通报收监执行工作相关情况，建立数据互通机制，使三方能准确掌握社区矫正对象违法、违规情况，做到准确处罚、及时收监、精准监督。建立落实收监执行中司法工作人员失职渎职责任追究机制，对于有玩忽职守、徇私舞弊、滥用职权等违法违纪行为的，依法依纪做出相应的处理；构成犯罪的，依法追究刑事责任，确保收监执行工作顺利进行。

在社区矫正对象收监执行刑罚个案中，发现公安机关在做出行政处罚时并不知晓处罚对象是否是社区矫正对象，故也未考虑其特殊身份，公安机关在作出行政处罚后也没有把处罚结果告知司法机关。因双方信息渠道不畅通，导致出现应当收监的社区矫正对象并未收监执行刑罚。受现有办案规则限制，部分社区矫正对象收监执行监督数据需要获取以后人工填录进行比对，通过法院、检察院、司法局共同协作，打破数据壁垒，为模型的时效性和实用性提供方便。

国家司法救助线索 + 民事支持起诉、社会救助职能部门正确履职法律监督模型

关键词：刑事案件被害人；刑事附带民事原告人；低保人群；刑事案件犯罪嫌疑人

一、模型研发背景与概述

"治国有常，利民为本。"国家司法救助作为改善民生、健全社会保障体系的重要组成部分，对于保障弱势群体的基本权益具有重大意义。然而，在司法实践中，国家司法救助线索主要依赖于检察官在办案过程中自行发现或当事人及其家属主动向检察机关申请。这种方式虽然能够发现一部分需要救助的对象，但"人工发现"方式存在一定的局限性和盲区。

为了解决这一问题，提升国家司法救助工作的覆盖面和精准度，威宁自治县人民检察院研发了国家司法救助线索 + 民事支持起诉、社会救助职能部门正确履职法律监督模型。该模型通过向公安、法院及相关社会职能部门函调数据，将刑事案件中权利受损者、民事案件中权利受损者、刑事侵权主体信息与低保户、残疾人等弱势群体信息进行比对，从而精准筛选出符合条件的救助对象和支持起诉对象。同时，模型还能发现服刑人员违规领取低保金或残疾人补贴等监督漏洞线索。

检察机关通过与社会职能部门合作，开展"1+N"多元救助方式，即在一个主要救助措施的基础上，结合多种辅助措施，共同推进基层社会治理共同体建设，确保救助措施的有效实施。

通过对已办结的司法救助案件进行分析，发现被救助对象大多为低保户、残疾人、低收入困难户、困难妇女以及留守困境儿童等群体，这些群体往往缺乏及时主动申请国家司法救助的能力。为了有效解决司法救助工作中存在的线索发现难、救助形式单一、资金筹集困难等问题，检察机关积极履行职责，按照国家司法救助的相关规定，通过走访调研、数据归集

和分析比对等方式，自主研发搭建了模型平台进行数据比对。

根据不同监督点的特点，该模型选择了相应类型的数据进行碰撞分析，实现了司法救助线索筛选的智能化、救助等级区分的高效化以及法律监督工作的常态化。通过这一系列措施，确保了国家司法救助工作的深度与广度，为弱势群体提供了及时有效的帮助，促进了社会公平正义。

二、数据分析方法与监督规则

（一）分析方法

1. 数据来源

（1）基础数据

公安机关：刑事案件被害人信息以及犯罪嫌疑人信息。

人民法院：刑事附带民事终结本次执行案件信息、民事人身损害侵权赔偿案件信息、交通事故损害赔偿案件信息。

（2）条件数据

乡村振兴部门：易返贫致贫监测户相关信息、脱贫户信息。

民政部门：低保人员信息、孤儿台账、事实无人抚养台账、困境儿童台账、特困人员台账。

未成年人保护委员会办公室：留守儿童信息。

退役军人事务部门：退役军人信息及伤残军人信息。

残疾人联合会：残疾人台账。

妇女联合会：低收入妇女“两癌”救助对象信息。

教育部门：受资助学生信息。

医疗保障部门：重大疾病人员。

2. 数据获取方式

通过出具调查函方式以及贵州检察数据应用创新平台向辖区涉及单位获取相关数据信息。

3. 类案特征要素

数据要素：被害人、犯罪嫌疑人的经济及家庭人员信息。

数据载体：人员姓名、户籍、身份证号码、返贫监测户标号。

（二）监督规则

1. 监督点

（1）监督点 1：发现潜在司法救助线索，突出重点救助对象

规则 1：发现潜在司法救助线索。

步骤 1：将刑事案件被害人，刑事附带民事“终本”执行案件申请人、民事侵权等人身损害赔偿案件原告作为基础数据 1。

步骤 2：将监测户、低保户、孤儿、事实无人抚养、困境儿童、特困人员、留守儿童、残疾人、退役军人及军属、低收入妇女“两癌”人员等台账信息汇总作为条件数据 1，以姓名、身份证号码、人员身份进行存储，同时针对各种对象赋予不同的分值，以便区分救助等级。

步骤 3：将基础数据 1 与条件数据 1 进行碰撞比对，得到基础数据与汇总数据的对应关系。以户为单位统计人员信息并将人员身份信息进行汇总合并在一条线索中进行存储，从而得到不同分值的司法救助对象线索。

规则 2：通过舆情分析系统收集互联网的困难涉法涉诉信访人情况，拓宽线索发现渠道。

规则 3：将侵权主体信息与条件数据 1 进行比对，结果供办案人员预判嫌疑人是否具有赔偿履行能力。

规则 4：筛选重点监督对象，突出标记“军人或军属信息”“辖区低收入妇女‘两癌’救助对象”“未成年人”。

（2）监督点 2：行政主管部门履职监督。如民政部门是否存在“应保未保、不应保而保”等情况

步骤 1：将刑事案件犯罪嫌疑人、被告人、刑事附带民事“终本”执行案件被申请人作为基础数据 2。

步骤 2：将基础数据 2 与低保户、监测户、残疾人信息进行碰撞比对，得到服刑人员违规领取低保或者残疾人补贴等情况，同时将案件办理过程中是否存在困难人员未纳入低保范围等情况作为补充后依法监督。

（3）监督点 3：检察内部融合履职

规则 1：将民事侵权等人身损害赔偿案件原告作为基础数据 3，与条件数据 1 碰撞后可能出现支持起诉线索。

规则 2：案件办理中发现民事诉讼监督、民事支持起诉等监督线索作为

补充，依法移送检察机关其他部门。

2. 监督规则

一是通过大数据碰撞分析，对公安机关、检察机关、审判机关在案件诉讼过程中，就未履行司法救助职能以及未及时移送司法救助线索的情况进行监督，依法履职，加强内外部联动，主动救助，推动建立国家司法救助线索移送机制。

二是通过大数据碰撞分析，对民政、妇联、残联、乡村振兴、退役军人事务等相关职能部门履行社会救助职能情况进行监督。对因案致贫、返贫的困难群体，在开展司法救助的同时，根据救助对象具体情况将线索推送给相关部门协同救助，将经济救助与法律援助、心理疏导、扶贫脱贫等社会救助相结合，建立多方参与、多措并施的“1+N”多元救助衔接机制。

三是通过大数据碰撞分析，对社会救助相关职能部门在履行社会救助管理职责、资金监管等方面存在疏漏的情况进行监督，制发检察建议，推动职能部门建立健全制度机制，堵塞管理漏洞。

三、模型应用总结

（一）应用案例

吕某甲国家司法救助案

（威宁自治县人民检察院）

【关键词】

数字赋能　融合履职　多元救助　支持起诉　长期关怀

【基本案情】

被救助人吕某甲，女，2011 年 2 月出生，系原案被害人。

被救助人吕某甲与吕某乙系亲生父女关系。2013 年吕某甲父母离异，其判决由母亲抚养，2019 年，吕某乙将年满 8 岁的吕某甲接回家中居住，并多次对吕某甲进行性侵，直至 2022 年 8 月 22 日被救助人吕某甲姨母报案。2022 年 8 月 23 日，威宁自治县公安局以吕某乙涉嫌强奸罪立案侦查，2022 年 9 月 5 日，威宁自治县人民检察院以吕某乙涉嫌强奸罪做出批准逮捕决定，2023 年 4 月 2 日，威宁自治县人民检察院以吕某已构成强奸罪提起公诉，现该案正在办理中。

【救助过程】

1. 数字赋能，拓宽司法救助线索来源

威宁自治县人民检察院控告申诉部门积极探索数字检察业务，向公安局、法院、乡村振兴局、民政局、残疾人联合会、妇女联合会等相关单位获取建模基础数据，建立司法救助数字监督模型。通过输入“未成年”“性侵”等关键信息，获取海量数据，并进行数据的比对和碰撞，从而获悉该救助线索。同时，威宁自治县人民检察院未检办案团队强化司法救助意识，在办理该案过程中，发现符合司法救助条件后将线索移送至控告申诉部门，拓宽了该救助线索的来源。控告申诉部门经审查后，决定依职权启动司法救助程序，分管领导亲自带头实地走访调查，有效加快案件办理进度和质效。

2.“1+N”多元救助，增强救助合力

经核实，吕某甲现系小学六年级学生，2013 年吕某甲父母离异后，吕某甲母亲常年外出务工并重组家庭生育了三个孩子，吕某甲便常年跟随外公外婆生活，外公外婆家庭原属建档立卡贫困户，吕某甲被其父亲长期性侵，患上严重性病，心理上更是受到了严重创伤，需长期靠药物治疗，治疗周期长，治疗费用大。吕某甲的情况符合司法救助条件，且是农村地区生活困难的未成年刑事案件被害人，应予重点救助。同时，威宁自治县人民检察院联合民政局、县妇联、镇政府、村“两委”人员等再次进行走访调查，积极协调有关职能部门共同落实多元化综合帮扶措施。一是发挥民政部门工作优势，有针对性地将吕某甲纳入最低生活保障范畴，并联合民政、贵州省福慧缘慈善协会共同发放救助金。二是联合未检团队委托司法社工多次对吕某甲进行心理疏导，帮助未成年被害人走出心理阴影，同时要求吕某甲所在学校及老师将其纳入重点关注对象，加强对其在校期间的沟通交流和心理疏导。三是联合县民政局、乡政府对吕某甲治病医保未报销的门诊费用给予报销，同时联合威宁自治县民政局、县妇联、乡镇政府、村委、司法社工组建“跟踪回访小组”，一方面了解被害人心理恢复情况，另一方面监督救助金使用情况。

3.“司法救助 + 支持起诉”，融合履职保护未成年人合法权益

威宁自治县人民检察院控告申诉部门在办理该司法救助案件的过程中，发现原案被告人吕某乙不再适合继续担任吕某甲监护人。考虑到吕某甲是

未成年被害人，主动联合未检办案团队向县民政局发出撤销吕某乙监护权的检察建议，并为被害人申请法律援助。民法典及未成年人保护法规定，未成年人的父母被撤销监护权后不免除抚养义务，为督促失格监护人继续履行法定义务，检察机关支持被害人请求吕某乙支付抚养费、医疗费、精神抚慰金的民事诉讼。同时，针对被害人母亲，开展一对一的家庭教育指导，督促其正确履行监护职责，帮助被害人回归正常生活。

4.“跟踪回访 + 长期关怀”，巩固司法救助成果

该案件自办理以来，威宁自治县人民检察院会同县民政局、县妇联、乡镇政府部门等先后 3 次对吕某甲家庭进行了走访回访，通过多次心理疏导，目前吕某甲精神状况变化较大，学习主动性增强，和同学相处更融洽，生活学习逐步恢复正常。同时，该院以本案为契机，与县民政局、县妇联、县司法局、县乡村振兴局等 11 个部门共同会签了《国家司法救助与社会救助工作衔接机制（试行）》。

【典型意义】

本案是威宁自治县人民检察院通过大数据比对发现司法救助线索，主动协商民政、乡政府等多部门联合探索民族自治地方“1+N”多元帮扶工作的典型案例。针对民族自治地方人口基数大、经济落后、人员素质整体较低，容易引发刑事、民事案件等情况，威宁自治县人民检察院依法履职，通过探索数字检察赋能司法救助，有效解决了救助案源少、救助方式单一、一救了之的难题。同时，对吕某甲司法救助案不仅制定详细的救助方案，多次与民政等多部门联动，做好司法救助“规定动作”，而且通过未检、民事等融合履职，最大限度保护未成年人合法权益，通过建立长效机制，将“1+N”多元化救助作为深入开展“我为群众办实事”的有力举措，从根本上实现了“结案了事”到“案结事了”的转变，有效提升了司法救助质效，有力助推巩固脱贫攻坚成果与乡村振兴的有效衔接。

2022 年下半年以来，对威宁自治县人民检察院、大方县人民检察院、开阳县人民检察院共计 160 万余条数据进行比对，共筛查出司法救助案件线索 390 余条，成案 167 件 218 人，发放救助金 215.27 万元；2023 年 1 月至 9 月救助了 70 件 94 人，发放司法救助金 54.71 万余元，救助件数、救助人数、救助金额等数据同比均明显增长，其中救助未成年人、困难妇女人数同比分别上升 165%、127%。发现法律监督线索 37 条，通过制发检察建

议，推动职能部门建立健全制度机制，堵塞管理漏洞。发现支持起诉线索10条并均已作出支持起诉决定。威宁自治县人民检察院、开阳县人民检察院、大方县人民检察院大数据赋能司法救助的经验做法获人民网、《检察日报》、省院检察工作简报刊载，省院以该模型为基础部署开展全省司法救助专项行动，目前已收集51个县区院数据，初筛出3万余条司法救助线索以及5000余条法律监督线索。

（二）办案心得

检察机关开展司法救助工作，单靠传统的“坐等案源”等工作模式，已经难以适应新形势人民群众对检察机关的新期盼。国家司法救助线索+民事支持起诉、社会救助职能部门正确履职法律监督模型的研发应用，是不断创新工作思路的具体实践，激发了国家司法救助工作内生动力，满足各类困难群众的差异化需求，实现线索筛选高效化、等级区分智能化、法律监督常态化。模型运用以来，不仅及时救助了一批困难群众，快速发放了司法救助金，而且推动完善了司法救助相关机制，同时加强了司法救助与社会救助之间的衔接，着重构建“1+N”多元救助格局。检察机关因案施策，辅以法律援助、心理疏导、社会帮扶等，切实解决当事人“急难愁盼”，传递检察温度。

律师阻权法律监督模型

关键词：律师执业权利；《关于依法保障律师执业权利的十条意见》；大数据分析；法律监督模型；司法透明度

一、模型研发背景与概述

2023 年 3 月 2 日，最高人民检察院、司法部以及中华全国律师协会联合发布了《关于依法保障律师执业权利的十条意见》（以下简称《意见》），此举标志着我国在推进法治建设、强化律师执业权利保障方面迈出了坚实的一步。《意见》从多个维度出发，旨在全面优化律师执业环境，确保律师在司法实践中的合法权益得到充分尊重与维护。

具体来说，《意见》强调了以下几点核心要求：

一是加强接待律师平台的建设，通过信息化手段提升服务效率与质量，确保律师能够便捷高效地获取案件相关信息。

二是充分保障律师对案件办理重要程序性事项的知情权，要求司法机关及时、全面地向律师通报案件进展，减少信息不对称。

三是深化律师查阅案件材料的权利保障，包括但不限于电子卷宗阅卷系统的完善，以便律师能够充分准备辩护。

四是确保律师反映意见的权利得到充分尊重，无论是口头还是书面形式，司法机关都应认真记录并及时处理。

五是建立反馈机制，及时向律师通报其意见是否被采纳及理由，增强司法透明度。

六是在认罪认罚案件中，特别重视听取律师的意见，确保被告人在充分了解法律后果的基础上自愿认罪认罚。

七是加强对律师会见权的监督保障，防止不当限制会见，保障律师有效履行辩护职责。

八是畅通权利救济渠道，为律师提供便捷的申诉途径。

九是严肃责任落实，对侵害律师执业权利的行为进行严肃查处。

十是强化沟通协调，促进司法机关与律师协会之间的良性互动，共同营造和谐的司法环境。

尽管《意见》为律师执业权利保障提供了强有力的政策支撑，但在司法实践中，仍存在个别案例反映出律师权利行使受阻的情况。针对这一问题，威宁自治县人民检察院在上级院的支持和关心下，进一步将律师阻权法律监督模型进行具体应用与落实。模型利用大数据分析、人工智能等技术手段，对检察官办理案件过程中是否存在侵犯律师执业权利的行为进行智能识别与预警，实现了对检察官履职行为的有效监督。

《意见》的实施及其配套监督机制的建立，不仅为律师执业权利提供了更加坚实的制度保障，也为构建更加公正、透明、高效的司法体系奠定了坚实基础，是我国法治建设进程中的重要里程碑。

通过检察人员对审查逮捕案件数据的分析，发现存在以下问题：在犯罪嫌疑人委托律师担任辩护人的情况下，承办人未在作出决定前征询律师意见，也未将决定告知辩护律师；通过对审查起诉案件进行分析，发现存在犯罪嫌疑人未聘请辩护人且具备指定辩护人情节时，承办人未依法指定辩护人，且案卡未显示听取辩护人意见的日期。此外，还发现了案卡显示有辩护人阅卷情形，但认罪认罚案卡却显示听取值班律师意见的情况。对此，检察机关依法进行了监督，以充分保障律师反映意见的权利，并及时向律师反馈意见采纳情况。

二、数据分析方法与监督规则

（一）分析方法

在刑事司法流程中，确保辩护人信息的准确性与时效性对于保障犯罪嫌疑人、被告人的合法权益至关重要。以下是对公安机关、司法局及检察院在获取和处理刑事案件辩护人及相关信息方面的专业且清晰的扩写，并附有具体步骤：

1. 公安机关

（1）步骤1：信息提取

公安机关在处理刑事案件时，首先需从公安办案系统中提取辩护人的基本信息。这些信息包括但不限于辩护人的姓名、执业机构、联系方式以及被委托担任辩护人的具体案件编号等。

（2）步骤 2：核对与更新

提取信息后，公安机关应核对辩护人的资质是否符合法律规定，并通过系统或台账记录，确保信息的准确无误。若辩护人有变更（如更换辩护人、辩护人联系方式变动等），公安机关需及时更新信息，以保持数据的时效性。

（3）步骤 3：信息共享

在确保信息安全的前提下，公安机关应将辩护人信息与其他司法机关（如检察院、法院）进行共享，以便于案件在后续阶段的顺利推进。

2. 司法局

（1）步骤 1：法律援助指派

司法局在收到法律援助申请后，根据相关规定指派合适的法律援助律师，并记录在法律援助指派台账中。台账应详细记录法律援助律师的基本信息、被援助人的基本信息、案件类型、指派日期等。

（2）步骤 2：信息同步

司法局需定期将法律援助指派台账中的信息同步至相关司法信息系统，确保检察院、法院等机关能够及时获取法律援助律师的指派情况，以便案件处理过程中的沟通协调。

（3）步骤 3：跟踪反馈

司法局还需跟踪法律援助案件的进展，确保法律援助律师能够有效履行职责，同时收集案件处理结果，为法律援助工作的持续改进提供依据。

3. 检察院

（1）步骤 1：信息提取与核对

检察院在审查起诉阶段，需从检察机关办案系统中提取犯罪嫌疑人是否委托辩护人的信息，并核对委托书的真实性。同时，系统还应自动记录犯罪嫌疑人是否为残疾人（盲聋哑、精神病）的详细信息，以便于检察院在案件处理中给予特殊关照。

（2）步骤 2：听取辩护人意见

检察院在案件处理过程中，需按照法律规定听取辩护人的意见。系统应记录听取辩护人的日期，确保程序的合法性。对于辩护人的意见，检察院需认真审查，并在办案系统中进行记录，以便于后续决策。

（3）步骤3：信息沟通与反馈

检察院在案件处理过程中，需与公安机关、司法局保持信息沟通，确保辩护人信息的准确性和时效性。对于辩护人的合理意见，检察院应予以采纳，并在办案系统中记录反馈情况，确保案件处理的公正性和透明度。

综上所述，公安机关、司法局及检察院在刑事案件辩护人及相关信息的处理上，需遵循严格的步骤和程序，确保信息的准确性和时效性，以维护司法公正和犯罪嫌疑人、被告人的合法权益。

（二）监督规则

通过运用大数据技术的深度碰撞与分析，能够高效精准地识别检察官在办案过程中可能存在的阻碍律师正当行使权利的行为，从而对检察官的司法活动实施全面而有效的监督。这一机制不仅强化了司法透明度，还促进了司法公正与效率的双重提升。

在刑事案件的审查逮捕阶段，大数据监督系统能够自动检索并比对案件信息，确保检察官在作出逮捕决定之前，严格按照法律规定征询辩护人的意见，并将审查决定及时、准确地告知辩护人。这一步骤的严格执行，不仅保障了辩护人的知情权与参与权，也为犯罪嫌疑人提供了更为充分的法律保障，有效防止了不当逮捕的发生。

进入审查起诉阶段，大数据监督系统同样发挥着不可或缺的作用。对于未聘请辩护人且符合法律援助条件的犯罪嫌疑人，系统能够迅速识别并提醒检察官依法为其指定辩护人。这不仅确保了法律援助制度的全面落实，也让每一位符合条件的犯罪嫌疑人都能获得专业的法律帮助，从而在司法程序中更好地维护自身权益。

同时，大数据监督系统还能监督检察官在审查起诉过程中是否充分听取了辩护人的意见。通过比对案件信息与辩护人参与记录，系统能够及时发现并纠正检察官未依法听取辩护人意见的情况，确保辩护人的意见在案件处理中得到应有的重视与体现。

此外，在认罪认罚案件中，大数据监督系统还能有效监督检察官是否按照法律规定，在签署认罪认罚具结书时确保辩护人的在场与参与。这一步骤的严格执行，不仅保障了犯罪嫌疑人的自愿认罪认罚，也防止了可能出现的司法不公与程序瑕疵。

综上所述，大数据碰撞技术在检察官办案监督中的应用，不仅提升了监督的精准度与效率，还促进了司法公正与效率的双重提升。通过这一机制，能够更有效地保障律师的正当权利，确保每一位犯罪嫌疑人在司法程序中都能获得公正、平等的对待。同时，这也为构建更加公正、透明、高效的司法体系提供了有力的技术支撑与制度保障。

三、模型应用总结

律师阻权法律监督模型的应用在现代法律体系中展现出了显著的重要性和实效性。该模型通过大数据技术的运用，实现了对律师执业权利保障情况的全面监督，有效提升了法律监督的精准度和效率。

在实际应用中，律师阻权法律监督模型能够关联多个数据源，包括公安局、司法局、检察院等部门的业务应用系统，通过数据比对、筛查等技术手段，及时发现并纠正律师执业过程中可能存在的问题。例如，在异地申请阅卷的场景中，该模型能够数字化查验审核异地申请阅卷辩护律师信息的真实性，有效避免了假冒律师或不符合条件的律师进行阅卷的风险。

此外，律师阻权法律监督模型还具备监督点多、新颖的特点，能够针对律师执业权利保障的多个关键环节进行监督。通过科学设置监督点和线索，该模型能够精准找到监督线索，提高成案率，进一步保障了律师的合法权益。

在行政检察监督方面，律师阻权法律监督模型也发挥了重要作用。它能够促进行政检察监督的高效化、标准化和精细化，提高检察机关的办案质效。通过大数据技术的运用，该模型能够实现对行政执法各环节、各部门的数据资源的整合和分析，为检察机关提供更加精准、全面的监督信息。

国家公职人员犯罪后未按规定计发或取消待遇监督模型

关键词：国家公职人员；犯罪；待遇；监督模型

一、模型研发背景与概述

国家公职人员犯罪后未按规定停发或取消其待遇的问题，不仅导致了国有资金的流失，增加了地方财政的负担，同时也暴露出行政主管部门在监管方面存在明显的工作漏洞。为了解决这一问题，有必要探索并建立一套完善的监督模型，以确保国家公职人员在被采取刑事强制措施或受到刑事处罚后，能够按照规定停止发放或取消其待遇。

通过建立国家公职人员犯罪后未按规定计发或取消待遇监督模型，可以推动最高人民法院、最高人民检察院、公安部、国家安全部联合发布的《关于机关事业单位工作人员被采取刑事强制措施和受刑事处罚实行向所在单位告知制度的通知》在司法系统中的有效落实。这一模型的建立，有助于形成常态化的长效监督机制，共同预防机关事业单位工作人员“带薪羁押”现象的发生，从而维护国有资金安全，提升司法公正性，增强司法公信力。

在实践中，存在在职及退休公职人员因涉嫌犯罪被采取强制措施或判处实刑后，用人单位未按规定停发待遇、计发生活费或取消退休待遇的情况。为解决这些问题，检察机关通过调取人力资源部门、财政部门以及检察业务应用系统中的审查起诉案件数据，利用数字化建模技术进行数据碰撞比对，发现了国家公职人员在被采取刑事强制措施或判处实刑后，行政主管部门仍按原标准发放工资待遇的违法违规问题。

通过依法制发检察建议并与相关部门建立协作配合机制，检察机关不仅纠正了行政主管部门过去的工作缺位和监管缺失，还监督其采取有效措施追回了流失的国有资金。这一举措有助于行政机关加强对“人”和“财”的同步监管，从而提升整体治理效能。

二、数据分析方法与监督规则

（一）分析方法

1. 数据来源及获取方式

向财政部门实时调取在发公职人员数据；向人力资源部门实时调取在发退休人员数据；向检察机关实时调取审查起诉案件数据。

2. 比对规则

（1）监督点 1：公职人员犯罪后未按规定停发或取消工资待遇

规则：实时获取财政部门公职人员发放工资待遇名单数据，与检察机关办案系统审查起诉数据进行碰撞比对，发现上述人员在被采取强制措施或受刑事处罚后，财政部门仍然在发工资待遇的人员数据，系统向检察机关发出监督预警提示。

数据要素：财政部门在发公职人员工资待遇的人员姓名、身份证号码、单位、工资待遇金额。检察机关审查起诉人员姓名、身份证号码、法院判决文号，判决生效时间、判处刑事处罚期限。

（2）监督点 2：公职人员退休后犯罪未按规定停发或取消退休待遇

规则：实时获取人力资源部门退休人员发放退休待遇名单数据，与检察机关办案系统审查起诉数据进行碰撞比对，发现上述人员在被采取强制措施或受刑事处罚后，人力资源部门仍然在发放退休待遇的人员数据，系统向检察机关发出监督预警提示。

数据要素：人力资源部门在发退休待遇的当时实际享受退休待遇的人员姓名、身份证号码、单位、退休待遇金额。检察机关审查起诉人员姓名、身份证号码、法院判决文号，判决生效时间、判处刑事处罚期限。

（二）监督规则

通过数字赋能实现行政检察监督案件线索的批量获取，并经对异常数据的分析研判，得到有监督价值的类案监督案件线索，经向检察机关刑事检察办案部门、财政部门或人力资源部门逐一调取采取强制措施或刑事判决文书、工资（退休）待遇发放清单等深入审查核实后，依法向用人单位、人事主管部门、办案机关制发类案监督检察建议、社会治理检察建议。同时根据分析研判异常数据的结果，可结合检察办案需要依法移送刑事检察、公益诉讼检察部门依法开展监督治理，实现检察融合发展。

三、模型应用总结

该模型的作用具体表现在以下方面：

一是强化数字赋能，精准获取案件线索。数字赋能是解放人力、获取线索的有效方法。威宁自治县人民检察院针对已调取人力资源、财政等部门的 33555 条数据与检察机关办案系统调取的 7148 条数据进行碰撞比对，发现异常数据有 69 条。

二是强化检察监督，挽回国有资金损失。根据比对发现的异常数据，经进一步分类研判、调查核实，对被判处有期徒刑的 5 条案件线索依法受理审查后，向人力资源主管部门制发 1 件社会治理检察建议，1 件类案（4 条）监督检察建议，人力资源主管部门已协同其他部门向法院提起民事诉讼追回多发的退休待遇 113537.3 元；针对类案中的 4 条案件线索，人力资源主管部门已指导用人单位对其中 2 件涉案当事人作出开除处分决定，及时停发了相关待遇，并积极采取有效措施追回多发的工资待遇，1 件涉案当事人及时将多发的 27185.66 元退回财政国库集中收付中心专户。

三是强化业务融合，提升检察履职成效。充分加强“四大检察”的协作配合和融合履职，本院未检团队对模型比对发现的 1 条案件线索，向行政检察条线进行移送，行政检察条线受理审查后依法向用人单位秀水镇政府制发社会治理检察建议，秀水镇政府收到检察建议后及时停发了涉案当事人的工资待遇，并积极协调联系涉案当事人退回多发的工资待遇 3105.96 元。

四是强化机制建设，促进综合治理。结合办案中发现的人事主管部门对机关事业单位人员和财务监管不足的工作漏洞，及时与人力资源主管部门出台办法，有效堵塞工作漏洞，促进行政监管综合治理。

未成年人保护法律监督模型

关键词：离异重组家庭；留守未成年人；困境未成年人；法律监督模型

一、模型研发背景与概述

近年来，威宁自治县涉未成年人犯罪案件持续上升，引起了社会各界的高度关注。据统计，仅在2024年的前三个季度里，威宁自治县人民检察院就受理了未成年人犯罪批准逮捕案件66件，涉及98人，案件数量相较于上年同期上升了8.19%。更令人担忧的是，性侵害未成年人的案件高达93件，105名未成年人受到侵害，案件数量和受害人数分别上升了36.76%和40%。

通过对这些案件的数据分析发现，单亲家庭、离异重组家庭、留守未成年人以及处于困境中的未成年人，由于缺乏有效的父母监护、法律意识薄弱和自我保护能力不足，更容易卷入犯罪活动或是成为受害者。值得注意的是，在对未成年人实施侵害的案例中，除了陌生人外，近亲属、邻居等熟人作案的比例较高，这主要是因为他们对受害者的日常生活状态和监护情况更为了解，从而能够更容易地实施犯罪行为。此外，也有监护人、教师、医生等具有特殊职责的人员涉及侵害事件。

在此背景下，未成年人保护法律监督模型应运而生。该模型整合了威宁自治县未成年人的基本人口统计数据、留守未成年人信息、来自离异家庭的数据、重点管控对象的信息、公安部门的行政处罚记录、检察机关的犯罪记录，以及来自旅店、酒吧、KTV等场所的登记资料。通过对这些多维度数据进行分析，模型能够构建未成年人的人物画像，并根据其与不同风险因素的接触程度进行评分，最终确定五个级别的风险等级：绿色代表最低风险（1星），红色代表最高风险（5星）。针对被评估为较高风险的未成年人，检察机关可以及时向相关部门通报线索，明确各方责任，实现事前预防，从而有效地降低未成年人犯罪及被侵害事件的发生率，保障未成年人健康成长。

该模型的研发严格遵循《中华人民共和国未成年人保护法》《中华人民共和国预防未成年人犯罪法》《国务院关于加强农村留守儿童关爱保护工作的意见》《中华人民共和国刑法》《中华人民共和国家庭教育促进法》以及最高人民检察院、国家监察委员会、教育部等《关于建立侵害未成年人案件强制报告制度的意见（试行）》等相关法律法规的要求。

二、数据分析方法与监督规则

（一）分析方法

未成年人保护法律监督模型采用多层次数据分析方法来识别和评估未成年人面临的风险。具体来说，该模型主要通过以下几个步骤来进行数据处理和风险评估

1. 数据集成

模型收集来自多个来源的数据，包括但不限于威宁自治县未成年人的基本人口统计数据、留守未成年人信息、离异家庭信息、重点管控对象信息、公安部门的行政处罚记录、检察机关的犯罪记录，以及旅店、酒吧、KTV 等娱乐场所的登记资料。这些数据构成了模型分析的基础。

2. 特征抽取

模型对上述集成的数据进行特征抽取，识别出与未成年人相关的各种风险因素，如家庭环境（单亲家庭、离异重组家庭）、社会行为（辍学、违反校纪校规）、生活环境（频繁出入成人娱乐场所）、健康状况（心理异常、不良行为）等。

3. 关系图谱构建

基于抽取的特征，模型构建未成年人的社会关系图谱，包括家庭成员、学校、社区以及可能接触到的其他成年人的关系网。这有助于识别那些与未成年人有密切联系的潜在风险源。

4. 风险评分

模型对每个未成年人与上述风险因素之间的联系进行量化评分，依据评分结果将未成年人划分为不同的风险等级。评分标准是每关联一项风险因素即赋 1 分，每 3 分则提升一个风险等级，直至最高五级风险（红色）。

5. 动态调整

模型的设计考虑到了实际情况的变化，因此具备一定的动态调整机制。随着新数据的不断输入，模型会实时更新未成年人的风险等级，确保评估结果的准确性和时效性。

通过这一系列严谨的数据分析方法，未成年人保护法律监督模型能够在早期发现潜在的风险点，并及时向有关部门提供预警信息，促使相关部门采取有效的干预措施，从而达到预防未成年人犯罪和保护未成年人免受侵害的目的。

（二）监督规则

1. 预防未成年人犯罪

步骤 1：比对未成年人的信息与其家庭信息，是否属于离异、重组家庭、单亲家庭、贫困家庭等。

步骤 2：该未成年人及其家庭成员是否有违法犯罪相关行政、刑事处罚信息。

步骤 3：该未成年人是否辍学，是否有违反校纪校规表现，是否属于心理异常、不良行为学生。

步骤 4：该未成年人是否经常出入酒吧、网吧、KTV、旅店等场所。

每关联到 1 项数据，即赋 1 分，每 3 分为一个风险等级。

2. 预防侵害未成年人犯罪

步骤 1：比对未成年人的信息与其家庭信息，是否属于离异、重组家庭、单亲家庭、贫困家庭等。

步骤 2：比对该未成年人是否单独与继父、爷爷、外公、叔伯等单独居住等。

步骤 3：该未成年人居住地所在的村、组是否发现离异男性、大龄未婚男性、精神异常人员的户籍地址与未成年人的地址有重合的。

步骤 4：对步骤三所涉及的人员是否曾因违法犯罪被行政、刑事处罚、是否属于留守未成年人等进行比对。

步骤 5：该未成年人是否辍学，是否有违反校纪校规表现，是否属于心理异常、不良行为学生。

步骤 6：该未成年人是否经常出入酒吧、网吧、KTV、旅店等场所。

步骤 7：该未成年人是否曾因刑事犯罪被侵害，是否在涉未成年人犯罪案件中被关联到，是否有在妇产科就诊记录，是否购买过避孕药品产品等。

每关联到 1 项即赋 1 分，每 3 分为一个风险等级，得分越高的，被侵害的风险越大，模型将根据排查出来的风险对相关部门进行风险提示，有针对性地开展防控措施，从源头预防侵害未成年人案件发生。

3. 数据比对

发现留守未成年人等被性侵害的，及时预警移送司法救助线索。支持起诉撤销监护权、民事侵权赔偿等。通过对风险较高的未成年人进行走访调查，发现性侵害、遗弃等立案监督线索。

发现乡镇干部未切实履行对未成年人关心关爱的，未正确履行家庭教育、强制报告、控辍保学等职责的，及时制发检察建议督促落实强制报告等相关职责。

三、模型应用总结

自运用未成年人保护法律监督模型以来，不仅显著提高了工作效率，也使工作更具针对性和科学性。通过模型提供的多维度数据分析，能够更加全面地了解每一位未成年人的具体情况，尤其是那些来自离异重组家庭、留守未成年人以及处于困境中的未成年人。这些孩子往往因为缺乏足够的家庭关怀和支持而容易陷入危险之中。

模型不仅仅是一个技术工具，它更是连接每一个需要帮助的孩子与社会资源之间的桥梁。它识别出那些隐藏在数字背后的真实故事——那些因为种种原因而处于高风险中的孩子。通过及时介入，检察机关可以为他们提供必要的帮助和支持，防止他们走上错误的道路或者成为犯罪的受害者。

例如，在一起涉及留守未成年人的案件中，模型提示该未成年人存在较高的被侵害风险。通过进一步走访调查，检察机关发现这个孩子实际上已经多次受到邻近一位成年人的不当对待。正是因为有了模型提供的预警，我们才能够迅速行动，不仅解救了这个孩子，还成功地让施害者受到了应有的法律制裁。

此外，模型还帮助检察机关发现了多起因家庭监管缺失而导致的未成年人犯罪案例。通过对这些案例的深入分析，检察机关向相关部门提出了具体的检察建议，督促完善监管措施，填补管理上的空白，从而避免类似事件再次发生。

未成年人保护法律监督模型为检察机关提供了一个强有力的工具，使得我们在处理未成年人保护工作中能够更加精准、高效。它不仅提高了检察机关的办案质量，更重要的是，它让检察机关能够更好地履行保护未成年人的职责，为他们的健康成长保驾护航。

交通肇事“下行案件”
职务犯罪线索发现监督模型

关键词：交通肇事；有案不立；压案不查；检察侦查

一、模型研发背景与概述

近年来，公安机关在处理交通肇事案件时，存在将刑事案件降格为行政处罚案件以及立案后未及时移送审查起诉的现象，这些问题不仅影响了司法公正，也损害了法律的权威性。为解决这一难题，毕节市检察机关在实际办案过程中发现了一起涉及D县公安局的职务犯罪案件，该案件揭示了公安机关在办理交通肇事案件中存在的降格处理及未按规定程序移送审查起诉的问题。

具体而言，D县人民检察院在办理几起交通肇事案件时，发现部分案件已经超过法定的追诉时效，这一情况引起了上级检察机关的关注。通过对全市范围内2014年以来的交通肇事案件立案数据与D县人民检察院同期受案数据的对比分析，筛查出了50余起公安机关立案后未移送审查起诉的案件，其中40余起已超过追诉时效。经过进一步调查确认，这些案件的背后存在D县公安局交警大队副大队长康某及事故中队中队长杨某某的徇私枉法和滥用职权行为。最终，二人因涉嫌上述罪名被立案侦查，并被法院判处有期徒刑1年6个月。

鉴于此类案件频发，威宁自治县人民检察院在毕节市人民检察院的指导下进一步总结了个案的经验教训，着手构建交通肇事“下行案件”职务犯罪线索发现监督模型。该模型旨在通过以下方式发现和预防职务犯罪：

一是关键词搜索。通过对交通事故简要案情进行关键词搜索，筛选出可能涉嫌交通肇事犯罪的案件。

二是数据比对。将疑似案件与公安机关交通肇事立案的数据进行比对，找出降格处理的案件。

三是立案后跟踪。将公安机关交通肇事立案数据与检察机关提起公诉的数据进行比对，发现立案后未依法移送审查起诉的案件。

四是智能预警。系统自动识别并标记可能存在的职务犯罪线索，为检察机关提供有力的数据支持。

此模型的构建及应用，不仅有助于及时发现并纠正公安机关在办理交通肇事案件过程中的不当行为，而且对于打击相关职务犯罪行为、维护司法公正具有重要意义。通过大数据技术和科学的模型设计，检察机关能够更加高效地履行监督职能，保障法律的正确实施，促进社会公平正义。

二、数据分析方法与监督规则

（一）分析方法

1. 模型数据来源

公安机关警务综合平台获取的公安机关交通事故行政案件信息；公安机关警务综合平台获取的公安机关交通肇事案件立案信息；检察机关统一业务系统获取的交通肇事审查起诉案件信息。

2. 数据获取方式

公安机关数据可通过贵州省检察机关侦查监督与协作配合办公室获取；检察机关数据可通过案管部门获取。

类案特征要素：发生交通肇事案件后，对应立刑事案件侦查的案件降格为行政案件处理；立案侦查后，挂案不查、压案不办，未按规定将案件依法移送审查起诉。

关键词及逻辑规则：以公安机关处理交通事故案件信息的“死亡”“严重超载”“逃逸”“酒后”“毒品”“报废”“无驾驶资格”“无牌”为数据要素，筛选出按照《最高人民法院关于审理交通肇事刑事案件具体应用法律若干问题的解释》第 2 条规定可能涉嫌交通肇事罪的信息。将筛选出的案件信息以“姓名”和“身份证号码”为数据要素与公安机关交通肇事立案数据进行碰撞，检索出可能涉嫌交通肇事罪没有立刑事案件侦查的案件。以“交通肇事罪”数据要素从检察业务应用系统中获取检察机关提起公诉的交通肇事案件信息，将获取的信息以“犯罪嫌疑人姓名”“犯罪嫌疑人身份证号码”为数据要素与公安机关交通肇事刑事立案的数据进行碰撞，得出立案后未移送审查起诉的案件。

（二）监督规则

第一步：以公安机关处理交通事故案件信息的“死亡”“严重超载”“逃逸”“酒后”“毒品”“报废”“无驾驶资格”“无牌”为数据要素，筛选可能涉嫌交通肇事犯罪的案件信息。

第二步：将筛选出的案件信息以“姓名”和“身份证号码”为数据要素，与公安机关交通肇事立案数据进行碰撞，检索出可能涉嫌交通肇事犯罪没有立刑事案件侦查的案件。

第三步：以“姓名”和“身份证号码”为数据要素，将公安机关交通肇事立案数据与检察院提起公诉的交通肇事案件数据进行碰撞，筛选出公安机关立案后未移送审查起诉的案件。

第四步：将可能涉嫌交通肇事犯罪没有立刑事案件侦查的案件及立案后未提起公诉的案件线索推送至侦查部门人工审查。同时，对交通肇事类案件中公安机关应立案侦查而不立案，立案侦查后未依法移送审查起诉的案件移送刑事检察部门开展针对性的法律监督。

三、模型应用总结

习近平总书记指出，所谓公正司法，就是受到侵害的权利一定会得到保护和救济，违法犯罪活动一定要受到制裁和惩罚。作为最后一道防线，公正司法对实现社会公平正义具有重要引领作用。一旦这道防线被冲破，出现司法不公现象，就会对社会公平正义带来致命破坏。在司法实践中，交通肇事案件办理过程中容易存在如下问题：一是通过数据筛查发现，发生交通肇事案件后，对应立刑事案件侦查的案件降格为行政案件处理；二是立案侦查后，挂案不查、压案不办，未按规定依法将案件移送审查起诉。这些“被下行”的案件中，极有可能存在公安机关怠于履职、不当履职错误下行，甚至利用职务便利放纵犯罪等问题。交通肇事“下行案件”监督作为检察机关侦查活动监督和公安机关案件管控共同的难点、堵点。实践中，一般仅由检察机关刑检部门、控申部门对已提起公诉予以监督，还有大量的“下行案件”存在监督“盲区”。检察机关以数字化、类型化、体系化的监督模型对“下行案件”进行法律监督，深入调查核实交通肇事案件下行原因、挖掘公安机关办案人员涉嫌司法工作人员相关职务犯罪线索，以数字化改革放大法律监督“利器”优势。

在交通肇事“下行案件”数字化监督中需要抓住以下几个关键问题：

一是交通肇事“下行案件”的数据来源。结合相关法律规定及司法实际，交通肇事“下行案件”大致可以分为以下两类：第一类是涉嫌犯罪后“下行案件”，即发生交通肇事案件后，对应立刑事案件侦查的案件降格为行政案件处理。第二类是立案后“下行案件”，即立案侦查后，挂案不查、压案不办，未按规定将案件依法移送审查起诉。交通肇事现行案件监督的内容主要是公安机关办理交通肇事案件应立不立、立而不侦、侦而不决。显而易见，构建数字监督模型的数据主要来源于公安机关及检察业务应用系统。基于模型需要，采取了外部协调争取与内部发掘深化相结合的方式同步展开，保障数据来源的全覆盖、易获取、可持续。

公安机关交通事故行政案件信息公安机关警务综合平台能提供公安机关交通事故行政案件信息，该信息可以通过各级法院侦查监督与协作配合办公室调取。如针对公安机关交通事故受案后下行的案件，毕节市检察机关通过侦查监督与协作配合办公室调取了全市 2014 年以来交通事故受案信息。

公安机关交通肇事立案信息公安机关警务综合平台能提供公安机关交通肇事立案信息，该信息可以通过各级院侦查监督与协作配合办公室调取。如针对公安机关交通肇事立案后下行的案件，毕节市检察机关通过侦查监督与协作配合办公室调取了全市 2014 年以来交通肇事立案信息。

检察机关交通肇事案件受案信息检察业务系统提供检察机关交通肇事案件受案信息，该信息可直接从案件管理部门获取。

二是筛查、碰撞出“下行案件”。根据交通肇事“下行案件”两种类型进行数据筛查，数据对比，可以从海量数据中精准筛选出“下行案件”。下面对两种类型分别进行说明：

第一类受案后“下行案件”：导入从公安机关警务综合平台获取的 2014 年至 2023 年交通事故行政案件数据，以公安机关处理交通事故案件信息的“死亡”“严重超载”“逃逸”“酒后”“毒品”“报废”“无驾驶资格”“无牌”为数据要素，筛选出按照《最高人民法院关于审理交通肇事刑事案件具体应用法律若干问题的解释》第 2 条规定可能涉嫌交通肇事罪的信息。将筛选出的案件信息以“姓名”和“身份证号码”为数据要素与公安机关交通肇事立案数据进行碰撞，检索出可能涉嫌交通肇事罪没有立刑事案件侦查的案件。

第二类立案后“下行案件”：导入从公安机关警务综合平台获取的2014年至2023年交通肇事立案数据和检察业务应用系统获取的交通肇事案件提起公诉数据，以“犯罪嫌疑人姓名”“犯罪嫌疑人身份证号码”为数据要素进行碰撞，得出立案后未移送审查起诉的案件。

通过智能筛选、人工分析研判，在交通事故“下行案件”中事故车辆价值较高、案件当事人系公职人员或经商人员，具有请托说情能力、司法工作人员违规违法的可能性比一般案件更大。因此，可以“车辆品牌”“车牌号”“人员身份”等为关键词，对搜集的“下行案件”线索数据库进行检索，排查出“下行案件”。

以“交通肇事罪”数据要素从检察业务应用系统中获取检察机关提起公诉的交通肇事案件信息，将获取的信息以“犯罪嫌疑人姓名”“犯罪嫌疑人身份证号码”为数据要素与公安机关交通肇事刑事立案的数据进行碰撞，得出立案后未移送审查起诉的案件。

三是进一步发现职务犯罪线索在建模完成后，毕节市检察机关以N县近5年来交通事故处理信息及交通肇事案件办理信息进行分析碰撞，发现了N县公安局交警大队作行政处罚结案处理的吴某刚交通肇事案件可能存在应立案未立案的情况，该案简要案情中出现“重伤”“逃逸”等数据要素。毕节市检察机关随即对该案线索进行调查核实，经查：2018年4月4日凌晨1时许，吴某刚驾车将行人吴某、郭某撞伤，吴某刚拨打120急救电话后逃离事故现场。N县公安局交通警察大队道路交通管理设施中队中队长江某接警后带领两名辅警出警处理，并了解到伤者吴某伤情严重。同日上午9时许，肇事司机吴某刚到N县公安局交警大队投案，江某在做完笔录后，未对其采取强制措施，并安排工作人员在公安机关交通管理应用管理综合应用平台上录入案件信息时不如实填写，将“伤害程度”选项录入为“无伤害”，几天后江某收受肇事司机吴某刚为请托办理该案过程中给予帮助的贿赂款12000元人民币。在该案的后续办理中，江某明知吴某刚可能涉嫌交通肇事罪，故意不按照事故处理程序对伤者吴某、郭某委托伤情鉴定，导致该案迟迟无法立为刑事案件进行侦查，以此帮助吴某刚逃避法律追究。并利用其职务便利，将交通事故责任认定书中吴某刚逃逸情节删除，加盖N县公安局交通事故处理章后出具给吴某刚，吴某刚据此虚假事故责任认定书获得商业险的赔偿，直接导致本能以交通肇事逃逸拒绝理赔的保险公司损失人民币 502837 元。2019 年 3 月，伤者吴某死亡。2019 年 3 月 28 日，某法医司法鉴定中心出具法医病理鉴定意见书。江某依法应按照事故处理程序将案件材料移交 N 县公安局交警大队事故处理中队处理。2022 年 6 月 13 日，毕节市人民检察院以江某涉嫌徇私枉法罪立案侦查，2023 年 1 月 4 日移送审查起诉，江某表示认罪认罚。2023 年 7 月 11 日，毕节市 J 县人民法院以江某犯徇私枉法罪判处有期徒刑 1 年 2 个月；以滥用职权罪判处江某有期徒刑 8 个月；总和刑期有期徒刑 1 年 10 个月，决定执行有期徒刑 1 年 7 个月。该案入选 2022 年贵州省机关检察侦查典型案例。

四是以法律监督促进治理实效。毕节市人民检察院将毕节市 2014 年以来的交通事故案件和交通肇事案件纳入监督范围，调取全市 2014 年以来交通事故行政案件数据 356 条、交通肇事案件立案数据 2673 条（因系统更换导致数据不完整）、检察机关提起公诉的交通肇事案件数据 2759 条进行分析，其中发现异常数据 428 条。截至目前，毕节市检察机关已对 D 县公安局交警大队副大队长康某、事故中队中队长杨某某、三中队民警王某某、N 县公安局交警大队五中队中队长江某、事故中队教导员王某立案侦查。同时，检察机关对渎职犯罪案件背后应立不立的原案监督立案，对立而不侦的超过追诉时效或错误立案的案件监督撤案。案件办结后，毕节市检察机关针对公安机关交警部门有案不立、挂案不办的情况向毕节市公安机关制发检察建议，积极融入社会治理，毕节市公安局收到检察建议后高度重视，专门部署了交警部门清理积案专项行动。数字检察的意义远远不止于监督办案，通过数字赋能发现司法工作人员职务犯罪线索，是检察机关加强检察监督刚性的重要抓手。同时，检察机关坚持把数字优势转化为社会治理效能，以数字检察牵引案件侦查，充分运用数字赋能，走出一条符合新时代检察侦查要求的创新发展之路。

涉水产品资源行刑反向衔接法律监督模型

关键词：水产品资源；行刑反向衔接；法律意识；执法监管

一、模型研发背景与概述

随着我国经济的快速发展和社会的进步，涉水产品资源保护已成为生态文明建设和法治建设的重要内容。然而，在涉水产品资源领域，非法捕捞、破坏生态环境等违法行为仍时有发生，严重威胁到水生生态系统的平衡和资源的可持续利用。在这一背景下，构建涉水产品资源行刑反向衔接法律监督模型，对于加强法律监管、维护法律权威、保护自然资源具有重要意义。

涉水产品资源行刑反向衔接法律监督模型，是指在涉水产品资源保护领域，通过检察机关与行政部门之间的信息共享、案件移送、法律监督等机制，实现刑事司法与行政监管的有效衔接，形成一套系统、高效的监督体系。

构建涉水产品资源行刑反向衔接模型具有重要意义。首先，将检察机关涉非法捕捞水产品不起诉案与行政部门的行政处罚数据进行深入分析比对。在这个过程中，仔细梳理每一起非法捕捞水产品案件的具体情况，深入探究违法行为发生的原因。可能是部分渔民法律意识淡薄，对非法捕捞的危害认识不足；也可能是监管存在一定漏洞，导致违法行为有机可乘。同时，全面审查行政机关对违法行为的处理情况，确保行政处理的合法性和合理性。对于那些应受行政处罚而未被处罚的情况，检察机关应及时向相关部门制发检察意见。在检察意见中，明确提出具体的处罚建议，详细说明处罚的依据和必要性。这样可以避免出现“不刑不罚”的不合理现象，维护法律的公平和公正。只有通过严格的法律执行，才能让违法者付出应有的代价，同时也对潜在的违法者起到强大的威慑作用，从而更好地保护涉水产品资源，维护生态平衡。

深入分析涉水产品资源领域违法行为发生的原因至关重要。这可能涉及部分民众对保护水产品资源的法律法规缺乏了解，存在侥幸心理进行非法捕捞等行为；也可能是执法监管力度不足，使得违法者有机可乘。针对这些情况，向相关部门制发检察建议书意义重大。检察建议书中应强调通过加强水产品资源保护法律法规的宣传与教育，增强民众的法律意识和生态保护意识。可以利用多种渠道，如社区宣传、媒体报道、学校教育等方式，广泛传播保护水产品资源的重要性和违法后果。同时，建议相关部门加强执法与监管，加大巡查力度，建立健全举报机制，对违法行为及时发现、及时处理。通过这些措施，能够有效降低涉水产品资源领域违法犯罪，实现综合治理，切实保护自然资源和生态系统，促进人与自然和谐共生。

二、数据分析方法与监督规则

（一）分析方法

1. 数据来源

（1）被不起诉案件信息

涵盖涉非法捕捞水产品不起诉决定案件的多方面内容。其中涉嫌罪名明确了违法行为的性质，被不起诉人员信息有助于了解涉案主体的具体情况。案件名称简洁地概括了特定案件，基本案由详细阐述了事件的来龙去脉，不起诉理由则为判断案件处理的合理性提供了依据。

（2）行政处罚数据

主要来自农业农村局对非法捕捞水产品的处罚情况。被处罚人员信息能确定违法主体，案件名称方便对具体案件进行识别，基本违法事实则清晰地呈现了违法行为的具体表现，为后续的执法和监督提供了重要参考。

（3）水产品资源领域特殊数据

由农业农村局和水务局共同提供县域内长江流域、珠江流域相关地名目录数据。这些数据对于明确水产品资源保护的重点区域、制定针对性的保护措施具有关键意义。

2. 数据获取方式

通过相关行政部门以集中提供、收集上述相关数据的形式来获取所需信息，这是一种高效且具有重要意义的举措。具体而言，农业农村局、水务局等行政部门应积极行动起来，按照统一的标准和规范，将涉水产品资源领域的各类数据进行汇总和整理，然后集中提供给检察机关。这些数据包括但不限于涉非法捕捞水产品不起诉案件信息、行政处罚数据以及县域内长江流域、珠江流域相关地名目录数据等。同时，行政机关要建立定期与检察机关适时共享案件数据的机制。在这个过程中，行政机关可以根据实际情况，确定合理的共享频率，比如每月、每季度或在特定事件发生后及时进行数据共享。通过这种方式，实现数据的动态互通，确保检察机关能够及时掌握涉水产品资源领域的最新情况。数据的动态互通具有多方面的积极意义。对于检察机关来说，能够更加全面、准确地了解涉水产品资源领域的违法犯罪态势，为其履行法律监督职责提供有力的支持。对于行政机关而言，与检察机关的密切合作可以促进执法的规范化和有效性，共同打击非法捕捞等违法行为，保护自然资源和生态系统。这种合作模式也有助于提高工作效率，避免重复劳动和“信息孤岛”，实现资源的优化配置，为实现涉水产品资源领域的有效治理奠定坚实基础。

（二）监督规则

1. 核心监督点 1：被不起诉人需要行政处罚的移送行政机关处罚

数据分析：通过检察机关涉嫌非法捕捞水产品做出不予起诉案件与行政机关行政处罚数据比对，筛选出被不起诉人违反行政法律法规未受到行政处罚的数据。

线索处理：检察人员认为需要给予行政处罚的，制发检察建议书移送行政部门进行处罚。

2. 核心监督点 2：涉嫌非法捕捞水产品领域实现综合治理

数据分析：针对非法捕捞水产品的犯罪，通过分析行为人的主观性，如因不明知是禁渔区、禁渔期的规定，向相关部门制发检察建议书，明确禁渔区的界定，采取有效措施告知禁渔区、禁渔期的划定，从源头上杜绝案件的发生。

线索处理：类案制发检察建议予以监督纠正，实现综合治理。

该监督点可作为行刑反向衔接案件办理跟踪监督（模块），通过将行刑反向衔接移送的相关案件线索处罚结果与相关法律法规规定进行比对，分析处罚结果结合是否符合行政处罚法过罚相当原则要求，通过跟踪监督反向衔接处理结果，做好行刑反向衔接领域“最后一公里”行政检察监督工作。

三、模型应用总结

经过涉水产品资源行刑反向衔接法律监督模型的有效运用，威宁自治县人民检察院行政检察部门在 2023 年取得了显著成果，已成功办理非法捕捞水产品行刑反向衔接案件 7 件，并且制发行刑反向衔接检察建议书 7 份，及时移送行政机关对被不起诉人作出行政处罚。在对涉嫌非法捕捞水产品的案件进行深入分析后，发现部分行为人存在不清楚禁渔区界定的情况，还有的对禁渔期的规定一无所知。鉴于此，向农业农村局制发了检察建议书 1 份。建议书中明确提出，农业农村局应对威宁自治县域内的长江流域、珠江流域等禁渔区进行明确界定，通过设置明显的标识牌、发布公告等有效措施，让民众清晰知晓禁渔区范围。同时，要将禁渔期的规定进行广泛而有效的宣传，可利用多种渠道如媒体、社区、学校等，减少非法捕捞行为的发生，切实保护水生生物资源和生态环境。

审前未羁押罪犯交付执行刑罚监督模型

关键词：刑罚执行；审前未羁押；交付执行；刑事责任

一、模型研发背景与概述

（一）研发背景

在刑事诉讼过程中，刑罚执行阶段是确保罪犯刑事责任实现的关键环节，对于维护法律的权威性和社会的公正秩序具有不可替代的作用。然而，在司法实践中，审前未羁押罪犯的交付执行刑罚环节存在一定程度的监管盲点，导致部分罪犯未能及时、有效交付执行刑罚，这不仅损害了法律的权威，也影响了刑罚的目的与效果。因此，研发一个针对审前未羁押罪犯交付执行刑罚的监督模型，对于完善我国刑罚执行制度，保障法律的正确实施具有重要意义。

审前未羁押罪犯交付执行刑罚监督模型，是在刑事诉讼法框架下，针对审前未羁押罪犯在刑罚执行阶段的监督管理机制。该模型旨在通过以下几个方面的机制建设，保障审前未羁押罪犯能够及时、合规地交付执行刑罚：

刑罚执行阶段在整个刑事诉讼过程中占据着至关重要的地位，它是罪犯刑事责任得以切实落实的关键环节，更是实现刑罚目的的核心所在。对审前未羁押罪犯及时交付执行刑罚意义重大：一方面，能够有力地维护法律的权威性和公正性，向社会彰显法律的严肃性和不可侵犯性；另一方面，有助于促进我国刑罚执行制度的健全与完善，为法治社会的建设筑牢根基。

威宁自治县人民检察院高度重视刑罚执行监督工作。威宁自治县人民检察院通过精心建立法律监督模型，以收押入所人员登记台账、判处实刑且判决生效罪犯的姓名及身份证号码、生效时间、收监决定时间、送达回证时间等作为关键数据标识进行细致比对。经过这次严谨的比对过程，能够将审前未羁押罪犯信息以可视化的方式输出。如此一来，实现了对交付执行刑罚违法情形的精准监督，极大地提升了国家刑罚权的质量与效果。

同时，也增强了交付执行刑罚的及时性和有效性，确保罪犯能够在规定时间内接受应有的刑罚处罚，使法律的公正得以真正体现，为维护社会公平正义、保障国家法治秩序发挥重要作用。

（二）研发概述

2023 年 3 月 8 日，威宁自治县人民检察院在对刑事判决移送执行情况梳理过程中发现，罪犯罗某某因犯危险驾驶罪，2023 年 2 月 1 日被威宁自治县人民法院判处拘役 2 个月刑罚，2023 年 3 月 2 日，威宁自治县人民法院向威宁自治县公安局送达交付执行刑罚决定书，威宁自治县看守所收押入所人员登记台账中并无罗某某入所登记信息，随即依法对罗某某交付执行刑罚开展监督。经监督，2023 年 3 月 10 日，将罗某某交付执行刑罚。随后威宁自治县人民检察院通过个案调查分析研究认为，因为新冠疫情的影响，可能导致隔离时间超过实际羁押刑期，再加上实践中公安局治安任务繁重，没有把执行作为其主要工作，为避免超期羁押情形的发生，且主观上认为判决生效后案件已经结束，故无暇顾及罪犯执行情况。罗某某未交付执行刑罚违法案并非个案，为提高交付执行刑罚监督效率，威宁自治县人民检察院通过建立交付执行刑罚监督模型，调取 2020 年以来法院刑事生效判决书和看守所收押入所人员信息共 7000 余条，将罪犯姓名、身份证号码、罪名、刑罚、刑期进行比对，发现未交付执行刑罚的罪犯共计 14 人，经监督，现已全部交付执行刑罚。

二、数据分析方法与监督规则

（一）分析方法

1. 数据来源

检察机关业务应用系统：包括犯罪嫌疑人、被告人强制措施数据、生效判决数据等。

人民法院判决数据库：包含已生效的刑事判决书信息。

看守所收押数据库：记录看守所收押罪犯的基本信息。

2. 数据预处理

对采集到的数据进行预处理，包括数据清洗、数据整合、数据标准化等，以确保数据的准确性和完整性。

（二）监督规则

1. 法院文书送达工作监督

监督点：聚焦于法院是否在法定期限内将裁判文书送达给执行机关，这对于确保刑罚执行的及时性和准确性至关重要。

规则：明确具体的监督方式，即通过比对法院将生效裁判文书的时间与公安机关收到文书登记台账的时间进行判断。如果送达回证时间超过10日，系统将发出监督预警提示。

数据要素：涵盖了多个关键方面，包括案件名称，它能明确具体的司法案件；罪犯的姓名和身份证号码，可精准确定被执行对象；判处的罪名及刑罚，体现了犯罪行为的性质和应受的惩处；送达回证记录了文书送达的时间节点；公安机关收到法律文书登记台账则提供了另一个重要的时间参考。通过对这些数据要素进行综合分析，可以有效地监督法院在文书送达环节的工作效率和合规性，保障刑罚执行的顺利进行。

2. 公安机关交付执行刑罚工作监督

监督点：着重关注公安机关在收到生效判决后是否切实开展交付执行刑罚工作。

规则：以公安机关收到法律文书登记台账与看守所监管系统内入所人员信息登记台账的比对为监督手段。如果在一个月内公安机关未将罪犯收押执行，系统便会发出监督预警提示。

数据要素：丰富且全面，案件名称有助于明确具体的监督对象案件；罪犯的姓名和身份证号码可精准定位罪犯；判处的罪名及刑罚体现了犯罪的性质和应有的惩处力度；送达回证反映了文书送达的时间节点；公安机关收到法律文书登记台账提供了重要的时间参考；追逃抓捕台账可了解公安机关对未及时收押罪犯的后续行动；看守所监管系统内入所人员信息登记台账用于确认罪犯是否被收押；公安机关承办人明确了具体的责任主体，便于追踪和问责。通过对这些要素进行综合分析，能有效监督公安机关的刑罚执行工作，确保法律的严肃执行。

3. 看守所留所服刑监督

监督点：主要针对看守所留所服刑人员是否符合法律规定进行监督。

规则：采用看守所监管系统收到罪犯执行通知书、留所服刑人员名单的时间与法院生效判决刑期起止时间进行比对的方式。当所剩刑期大于3

个月时，系统会发出监督预警提示。

数据要素：包含法院执行通知书，这是执行刑罚的重要依据；罪犯的姓名和身份证号码可准确识别特定罪犯；刑期起止时间明确了罪犯的服刑期限；看守所留所服刑人员名单则提供了实际在看守所服刑的人员信息。通过对这些数据要素进行综合运用，能够有效判断看守所留所服刑人员是否符合法律规定，确保刑罚执行的合法性和公正性。若发现不符合规定的情况，应及时进行纠正，保障法律的正确实施，维护司法秩序和社会公平正义。

4. 捕诉部门监督

监督点：重点关注捕诉部门案卡填录是否完整以及是否推送相关信息。

规则：若审前未逮捕或逮捕后变更强制措施人员名单、生效裁判书未推送至刑事执行部门，系统将发出监督预警提示。

数据要素：涵盖了多个方面，罪犯的姓名和身份证号码可精准确定被监督对象；法院裁判文书时间是重要的时间节点；取保候审和监视居住文书反映了犯罪嫌疑人的强制措施情况；刑事执行部门监督档案为监督工作提供参考依据；检察业务应用系统案卡中刑罚、刑期、生效时间填录信息则体现了案件的关键内容。通过对这些数据要素进行综合分析，可以有效监督捕诉部门案卡填录的完整性和信息推送的及时性，确保刑事执行工作能够顺利开展，保障法律程序的规范进行，维护司法公正和法律权威。

5. 刑事执行部门监督

监督点：刑事执行部门是否及时开展交付执行刑罚监督工作。

规则：根据案件管理部门推送信息，建立监督档案，实时更新判决时间、生效时间、应当送达时间、实际送达时间、应当执行时间、纠正违法通知书及送达回证时间。将法院送达公安机关和本院的裁判文书、交付执行刑罚文书时间与监督档案比对；将看守所入所登记信息与监督档案比对，刑事执行部门未及时启动监督程序，系统发出监督预警提示。

数据要素：案件名称、罪犯的姓名和身份证号码、裁判生效时间、判处罪名及刑罚、送达回证；监督档案、纠正违法通知书及送达回证时间；看守所监管系统内入所人员信息登记台账。

三、模型应用总结

在刑罚执行完毕后，对执行效果进行评估，并通过监督模型的反馈机制，总结经验教训，为今后类似案件的处理提供参考。

一是在检察院内部大力推进融合监督。积极建立检察系统内部公诉、案管、刑罚执行检察等部门之间高效的信息流转机制。全国检察业务应用系统在此过程中发挥着关键作用，依托这一系统，逐步建立健全交付执行刑罚信息移送工作机制。通过该机制，能够全面系统地掌握刑事诉讼的具体进程，包括各个阶段的进展情况以及生效判决、裁定的详细内容。这样一来，一旦出现需要监督的情况，便能及时启动监督工作，确保刑罚执行的各个环节都在严格的监督之下进行。各部门之间的信息流转能够打破信息壁垒，实现资源共享，提高监督效率和准确性，为维护法律的公正执行提供坚实保障。

二是与法院、公安局、司法局建立紧密的联席会议制度。定期组织相关部门对交付执行刑罚中遇到的问题进行深入交流探讨。在联席会议上，及时通报交付执行刑罚工作的相关情况，让各部门充分了解工作进展和存在的问题。同时，建立落实交付执行刑罚中有关人员失职渎职责任追究机制。对于在工作中有玩忽职守、徇私舞弊、滥用职权等违法违纪行为的人员，严格依法依纪给予相应的处分，绝不姑息迁就。如果其行为构成犯罪，则依法追究刑事责任。通过明确的制度规定，形成强大的威慑力，促使各部门工作人员认真履行职责，防止出现执行不到位的情形发生，确保刑罚执行工作的顺利进行，维护法律的尊严和权威。

司法程序倒流反向审视法律监督模型

关键词：程序倒流；反向审视；办案质效；控告

一、模型研发背景与概述

在刑事诉讼领域，司法程序的规范运作对于维护法律的严肃性、保障当事人的合法权益至关重要。然而，在司法实践中，逮捕后的侦查活动有时会出现久侦不结、超期羁押等问题，这不仅消耗了宝贵的司法资源，也可能侵犯犯罪嫌疑人的合法权益，影响司法公信力。针对这些问题，检察机关亟须一种有效的机制，以确保侦查活动的合法、合规进行。因此，司法程序倒流反向审视法律监督模型的研发应运而生。

在司法实践中，检察机关在对刑事案件作出批准或不批准逮捕决定后，若未能及时跟进案件后续侦查情况，往往会引发一系列不良后果。例如，案件久侦不结，不仅浪费司法资源，也让当事人处于不确定的状态；超期羁押则严重侵犯了犯罪嫌疑人的合法权益；诉讼困难更是会影响司法的公信力，甚至可能引发涉法涉诉信访以及国家赔偿等问题。

该模型创新地采取函调方式，向公安机关、看守所等涉及单位调取数据。充分利用检察机关不捕数据、捕后不诉数据、捕后撤回起诉数据，以及公安机关捕后撤销案件数据、解除取保候审、监视居住数据等。通过设置规则，精准筛查出可能存在问题的案件线索。进而进一步反向核实，深入查找普遍性、倾向性、苗头性问题。这样能够及时发现履职不到位、执法司法不规范等线索，对司法机关的办案质量进行有效监督。通过强化综合治理，预防并减少涉法涉诉信访案件的发生，最终实现提升办案质效的目标，确保每一个案件都能在公正、规范的轨道上进行，维护法律的尊严和当事人的合法权益。

威宁自治县人民检察院在毕节市人民检察院的指导下，对办理的国家赔偿案件进行深入反向审视后，发现捕后久侦不结、超期羁押、程序违法等问题乃是引发国家赔偿的关键所在。在司法机关办理案件的过程中，确实存在着或多或少的程序性问题。例如，在办理黄某某国家赔偿案时，黄某某涉嫌故意伤害案撤回起诉后，并未按照《人民检察院刑事诉讼规则》第 424 条第 2 款之规定，在 30 日内作出不起诉决定。而且同意侦查机关撤回案件后，又未监督侦查机关作撤销案件处理。再如，何某某国家赔偿案件中，何某某因涉嫌虚假诉讼罪被逮捕后撤回起诉，依据法律规定应当作法定不起诉或者存疑不起诉，然而承办人却提出了相对不起诉的审查意见。这些问题充分暴露出司法程序执行中的不规范，亟待加强监督与整改，以确保司法公正与程序合法。

二、数据分析方法与监督规则

（一）分析方法

1. 基础数据

检察机关：提请批准逮捕的相关人员信息数据、不批准逮捕的相关人员信息数据、批准逮捕的相关人员信息数据、捕后撤回起诉数据、信访 2.0 系统数据、一审公诉案件。包括犯罪嫌疑人姓名、案件类别、提请逮捕时间、作出是否逮捕时间、文书送达公安机关时间。

2. 条件数据

公安机关在司法活动中确实掌握着一系列极为关键的数据。

提请批准逮捕数据详细地记录了对犯罪嫌疑人采取进一步强制措施的提请情况，这展现了公安机关在案件侦查过程中对于犯罪行为的初步判断以及对犯罪嫌疑人可能带来的社会危害性的考量。

不批准逮捕案件相关数据则如一面镜子，清晰地反映出那些不符合逮捕条件的案件信息，从中可以看出在法律框架内对于证据充分性、犯罪情节轻重等多方面因素的综合权衡。

撤回案件数据体现了在侦查的动态进程中，公安机关根据新的证据、情况变化等对案件进行的调整，这反映出侦查工作的灵活性与审慎性。

撤销案件数据更是明确地表明了对某些案件的最终处理决定，意味着经过全面审查后认定案件不应继续进行诉讼程序。

捕后释放人员数据涵盖了犯罪嫌疑人姓名、案件类别、提请逮捕时间、撤回案件时间、撤销案件时间、看守所出入所时间等丰富的详细内容。

这些数据如同一个个关键节点，串联起案件的发展脉络，为准确把握案件进程和人员动态提供了坚实而重要的依据，有助于确保司法活动的公正、透明与高效。

3. 数据获取方式

通过出具调查函这种有效的方式，向辖区内的公安机关积极调取相关信息的数据。这些数据包括但不限于提请批准逮捕数据、不批准逮捕案件相关数据、撤回案件数据、撤销案件数据以及不捕后释放人员数据等，涵盖了犯罪嫌疑人的诸多关键信息。同时，也会调取本院办理的相关刑事案件的信息数据，以便全面整合资源，更好地进行案件分析和监督，确保司法活动的公正、规范进行，为维护社会公平正义提供有力的数据支撑。

4. 类案特征要素

数据要素：犯罪嫌疑人信息包括犯罪嫌疑人的基本情况，如姓名、户籍等，对于准确识别犯罪嫌疑人至关重要。

批准逮捕和不批准逮捕的数据反映了司法机关对犯罪嫌疑人采取强制措施的决策情况。

撤回起诉意味着在诉讼过程中对案件的重新考量。

撤销案件则代表对特定案件的终结处理。犯罪嫌疑人出入所台账详细记录了犯罪嫌疑人在看守所等场所的进出时间，对于掌握其人身自由状态意义重大。

信访人信息则在涉及涉法涉诉信访案件时，为了解诉求和处理问题提供依据。

数据载体：人员姓名是最直接的识别方式，能够快速确定特定的犯罪嫌疑人或信访人。户籍信息有助于进一步了解其背景和属地情况。案件类别明确了所涉及的犯罪类型或法律问题。身份证号码作为唯一的身份标识，确保数据的准确性和对应性。时间则包括各个关键环节的发生时间，如批准逮捕时间、撤回起诉时间等，为梳理案件进程和分析问题提供了时间线索。

（二）监督规则

1. 监督点 1：发现是否存在超过羁押的情况

（1）规则 1：发现不批准逮捕后公安机关是否立即变更强制措施

步骤 1：提取检察机关近三年来作出不批准逮捕决定后的相关数据具有

重要意义。重点提取不批准逮捕后公安机关的接收时间，这一信息有助于准确把握案件后续的处理流程和时间节点，为进一步分析和监督案件提供关键依据。

步骤 2：提取公安机关对检察机关做出不批准逮捕决定后的变更强制措施时间十分关键。这一举措有助于了解公安机关在接到不批准逮捕决定后的行动效率，为监督执法程序、确保案件依法依规处理提供重要的实践参考依据。

步骤 3：将数据 1 与数据 2 中的时间节点进行碰撞比对，查找是否有未立即变更强制措施的线索。（设置时间为大于 1 天）

（2）规则 2：发现逮捕后侦查羁押期限是否超过 2 个月

步骤 1：提取检察机关近三年来作出批准逮捕决定后的相关数据意义重大。重点提取批准逮捕后公安机关的接收时间，可准确把握案件流程节点，有利于监督案件进展，确保批准逮捕决定得到及时有效地执行，维护司法公正与权威。

步骤 2：提取检察机关近三年来接收的公安机关移送审查起诉数据至关重要。重点提取移送审查起诉时间，有助于清晰了解案件在不同阶段的流转进度，为监督审查起诉工作、确保司法程序高效进行提供准确的时间节点参考。

步骤 3：将数据 1 与数据 2 中的时间节点进行碰撞比对，查找是否有逮捕后超过 2 个月未进入审查起诉环节的线索。

（3）规则 3：发现不起诉后是否立即释放

步骤 1：提取检察机关近三年来作出的不起诉决定数据具有重大意义。重点提取移送审查起诉时间以及不起诉决定时间，可清晰把握案件在检察环节的进程，为分析不起诉决定的合理性及监督司法程序提供准确的时间线索参考。

步骤 2：提取看守所近三年来的出入所台账意义重大。重点提取释放时间，能够准确掌握在押人员的动态情况，为监督看守所管理、确保释放程序合法合规提供关键的时间节点，有助于维护被监管人员的合法权益和司法公正。

步骤 3：将数据 1 与数据 2 中的时间节点进行碰撞比对，查找是否有检察机关决定不起诉后未立即释放的线索。（设置时间为大于 1 天）

2. 监督点 2：发现起诉困难线索

步骤 1：提取检察机关近三年来作出批准逮捕决定后的数据十分必要。这些数据包括案件详情、犯罪嫌疑人信息等，有助于全面了解批准逮捕决定的执行情况和后续案件进展，为监督检察工作、确保司法公正提供有力的依据。

步骤 2：提取检察机关近三年来的撤回起诉案件和不起诉案件数据，以及公安机关近三年来的撤回案件、撤销案件数据意义重大。这些数据可用于分析司法实践中的问题，为提升办案质量、确保司法公正提供参考依据。

首先，系统提取检察机关近三年作出的所有批准逮捕决定的相关数据。这些数据涵盖批准逮捕的具体案件、时间、涉及人员等关键信息。

其次，收集公安机关在近三年捕后解除取保候审和监视居住的相关数据。这些数据涵盖捕后变更强制措施的案件、变更时间、原因、涉及人员等详细信息。

最后，将上述两组数据进行碰撞比对，从中发现捕后变更强制措施的潜在线索，以及可能存在的捕后起诉困难情况，更全面地了解司法实践中强制措施的变更趋势及起诉难度，为后续的司法决策提供有力支持。

3. 监督点 3：不起诉适用法律错误线索

步骤 1：提取检察机关近三年来不起诉数据，重点提取不起诉类型。

步骤 2：提取检察机关近三年来不起诉法律文书。

步骤 3：将数据 1 与数据 2 进行碰撞比对，是否存在撤回起诉后适用法律错误线索。

4. 监督点 4：发现重点异常线索

步骤 1：提取检察机关近三年来信访 2.0 系统信访数据。

步骤 2：将监督点 1、2、3 最后形成的数据与步骤 1 提取的数据进行碰撞比对，发现重点异常线索。

三、模型应用总结

通过运用司法程序倒流反向审视法律监督模型，检察机关在刑事诉讼中的监督能力得到了显著提升。

一是强化法律监督职责。模型使检察机关能够更加主动地履行法律监督职责，确保侦查活动合法、合规。

二是提高司法效率。通过实时监控和动态调整，模型有助于提高刑事诉讼的效率，减少久侦不结现象。

三是保障人权。模型有助于及时发现和纠正侵犯犯罪嫌疑人合法权益的行为，保障人权不受侵犯。

四是司法程序倒流反向审视法律监督模型在司法实践中的应用取得了显著成效，不仅提升了检察机关的监督能力，也有助于维护法律的严肃性和公正性。通过具体案例和办案心得的分享，可以看到该模型在刑事诉讼中的重要作用，为我国司法体系的完善和发展提供了有力支持。

岩溶地区石漠化防治公益诉讼法律监督模型

关键词：石漠化防治；公益诉讼；有效治理

一、模型研发背景与概述

（一）研发背景

随着我国社会经济的快速发展，环境问题逐渐凸显，尤其是岩溶地区的石漠化现象，已成为制约当地生态环境和社会经济发展的重要因素。岩溶地区由于其特殊的地质结构和生态环境，石漠化问题尤为严重，不仅导致土地资源严重流失，生态环境恶化，还威胁到当地居民的生活质量和生存环境。

在此背景下，我国政府高度重视岩溶地区石漠化防治工作，制定了一系列法律法规和政策文件，以推动石漠化防治工作的深入开展。然而，在实际执行过程中，由于监管不力、执法不到位等原因，石漠化防治效果并不理想。为此，建立健全石漠化防治公益诉讼法律监督体系，对于强化法律监督、推动石漠化防治工作具有重要意义。

岩溶地区石漠化防治公益诉讼法律监督模型聚焦于至关重要的岩溶地区石漠化防治领域。该模型以公益诉讼为有力手段，高度重视对临时用地审批以及后续验收过程的严格监管。其核心运作机制是借助先进的数据分析技术，对大量数据进行精准筛查和分析。通过仔细比对林业部门审批的临时用地信息，能够准确识别出那些到期却未进行验收的临时用地情况。这种方式可以及时发现潜在的问题，为采取有效措施提供关键线索。当发现到期未验收的情况时，公益诉讼能够发挥督促作用，促使相关部门积极履行职责，加强对临时用地的管理和验收工作。这不仅有助于推动石漠化地区的有效治理，促进生态逐步恢复，更重要的是能够切实保障国家和社会的公共利益。为岩溶地区的生态可持续发展提供坚实的法律保障，让石漠化地区重焕生机与活力。

（二）研发概述

随着经济的不断发展以及土地使用频率和范围的持续增加，岩溶地区的石漠化问题正变得日益严峻。这一问题不仅对当地的生态环境造成了极大的破坏，还严重威胁到生物多样性以及整个区域的生态安全。

针对喀斯特地区草原石漠化问题，检察机关可以充分发挥公益诉讼检察职能，积极督促主管部门严格依法履行石漠化防治工作职责，并且持续跟进监督，确保防治工作切实有效进行。在必要的时候，检察机关要敢于以“诉”的方式推动问题整改，以法律的强制力促使相关责任主体积极作为。通过办理此类案件，引导经济社会实现可持续发展，推动形成“司法保护+行政监管+公众参与”的草原生态协同保护机制。以法治思维和法治方式为喀斯特地区草原石漠化防治工作的高质量发展提供坚实的保障。

本监督模型将现代信息技术与法律手段紧密结合，成功构建了一套从数据收集、分析到法律行动的完整流程。具体而言，通过定期审查林业部门的临时用地审批记录与验收报告，能够及时、准确地发现并处理违规行为。这样可以确保土地使用始终符合石漠化防治要求，为岩溶地区的生态恢复和可持续发展奠定坚实的基础。

二、数据分析方法与监督规则

（一）分析方法

1. 数据采集

在岩溶地区石漠化防治工作中，数据采集是至关重要的第一步。积极收集林业部门的临时用地审批记录。这些记录涵盖了用地的关键信息，如用地位置精确地标明了每一块临时用地在岩溶地区的具体方位，这有助于准确锁定可能存在石漠化风险的区域。面积信息则直观地反映了临时用地的规模大小，不同面积的用地可能对石漠化的影响程度有所不同。用途说明明确了该地块被批准用于何种目的，如建设项目施工场地、资源开采等，不同的用途可能会带来不同程度的生态影响。批准期限更是关键，它规定了临时用地合法使用的时间范围，为后续的监管提供了明确的时间节点。同时，收集相应的验收数据或报告也不可或缺，这些数据和报告记录了临时用地在使用期满后的实际状况以及是否符合生态恢复标准等重要内容。

2. 对比分析

完成数据采集后，接下来进行对比分析。将审批数据与验收数据逐一进行对比是核心环节。通过对比用地位置，可以确定每一块审批的临时用地是否在规定位置使用，防止出现擅自变更用地位置的情况。对比面积可以核实临时用地在使用过程中是否存在超范围占用的问题。通过用途的对比，能确保临时用地的实际使用与批准用途一致，避免违规改变用途对生态环境造成更大破坏。尤其是重点关注已到期的临时用地，识别出那些已到期但未完成验收的地块。这些地块成为重点监控对象，因为它们可能存在生态恢复不及时、土地资源浪费甚至引发石漠化加剧的风险。通过严格对比分析，为后续的监管和整治提供明确的目标和方向。

3. 趋势预测与异常检测

在石漠化防治工作中，趋势预测与异常检测起着关键作用。通过对收集到的数据进行深入分析，可以预测石漠化的发展趋势。例如，观察近年来临时用地的审批数量、面积变化以及石漠化区域的扩展情况等，运用数据分析模型和专业的生态评估方法，预测未来石漠化可能的发展方向和速度。同时，识别异常用地模式也是重要任务。异常用地模式可能包括短期内大量审批临时用地且集中在特定区域、用地用途频繁变更、验收通过率异常低等情况。这些异常模式可能预示着潜在的环境风险点，如过度开发导致生态破坏加剧、监管不力造成石漠化风险增加等。通过趋势预测和异常监测，能够及时发现潜在问题，采取针对性的防治措施，提前做好生态保护规划，有效遏制石漠化的发展，确保岩溶地区的生态安全。

（二）监督规则

1. 树立生态优先的发展理念

喀斯特地区独特的地质条件造就了其脆弱的生态环境，这在一定程度上对地方经济社会发展形成了制约，使得生态保护与当地发展之间的矛盾愈发突出。在这种情况下，坚持生态优先理念就显得尤为关键。需要找准问题的症结所在，充分认识到石漠化问题对地区可持续发展的严重影响。通过公益诉讼案件的办理，有力助推问题的整改，促进草原资源的合理利用。积极与林业局和属地乡镇进行沟通协调，共同为村民在草原区域外重新选址修建住房和圈舍出谋划策，引导村民采取更加科学的轮休方式放牧，并且适当控制放牧数量，从而及时消除石漠化风险。这不仅有助于保护生态环境，也能为当地居民的生活和发展提供更加可持续的方式。

2. 持续跟进监督确保整改效果

持续跟进监督是确保整改效果的重要保障。要常态化开展“回头看”，对已经处理的问题进行复查，确保问题不反弹。对于通过诉前程序未能彻底解决的问题，要果断提起诉讼，以法律的强制力推动问题的解决。案件判决后，不能放松监督，要继续督促主管部门进行恢复治理，并对治理过程开展严格监督。通过圆桌会议等形式，督促属地政府加强动态巡查管护，对植被恢复区采取隔离保护措施，进一步压实地方政府属地监管责任。同时，通过发展志愿者的方式吸纳公众参与，向人民法院申请司法保护令等方式，加强对重点区域石漠化的预防。通过多管齐下，确保石漠化防治工作取得实效。

3. 坚持以人为本，破解案件阻力

在办案过程中，要始终坚持以人为本。向群众积极宣讲相关法律政策和石漠化知识，增强群众的环保意识和法律意识。认真收集群众诉求，了解他们的实际困难和需求，并积极与行政机关共同研究整改措施。通过研究，林业局一方面向违法占地的村民下达停止违法行为通知书，对违法占地行为做出否定性评价，维护法律的严肃性；另一方面，通过适当补贴，鼓励村民自愿搬离重新选址建设。在推动整改中始终坚持以人为本，做到既解决生态保护问题，又解决村民生存和发展难题，最大限度破除案件阻力，实现生态保护与民生保障的有机统一。

4. 以案件办理促进部门沟通协作

为了解决石漠化防治工作中各自为政的问题，需要联合人民法院、林业局及属地乡镇共同制定生态环境保护协作配合相关机制。通过召开圆桌会议，搭建部门沟通平台，促进各部门之间的信息交流和协作配合。在会议上，达成工作共识，明确各部门的职责和任务，形成工作合力。督促职能部门和属地政府一体化履职，共同构建草原生态协同保护机制。只有各部门齐心协力，共同努力，才能有效防治石漠化，保护好喀斯特地区的生态环境。

三、模型应用总结

（一）社会治理成效

1. 生态环境改善

在岩溶地区石漠化防治工作中，通过严格的监督举措，能够发挥巨大的积极作用。严格监督意味着对每一块临时用地都进行细致入微的审查和管控，不放过任何一个可能出现不合规用地行为的角落。当监督力度加大，那些未经合法审批便擅自使用土地、超期占用土地以及不按规定用途使用土地等不合规行为将大幅减少。这为石漠化地区的生态恢复创造了极为有利的条件。随着不合规用地行为的减少，土地能够有机会得到休养生息，进行自然的生态修复。植被逐渐恢复生长，曾经荒芜的土地重新披上绿装，这不仅改善了当地的自然景观，更重要的是提升了生态系统的服务功能。生态系统可以更好地发挥调节气候、保持水土、净化空气等重要作用，为当地的生物提供更加适宜的生存环境，促进生物多样性的发展，让石漠化地区重新焕发生机与活力。

2. 法治意识提升

严格的监督在提升法治意识方面也意义重大。对于政府部门而言，监督促使其更加严格地执行环境保护法律法规，在审批临时用地和进行石漠化防治管理工作中更加审慎负责。对于企业来说，监督让其认识到必须依法依规使用土地，不能为了追求经济利益而破坏生态环境。而对于公众，监督行动的开展让他们看到了法律对于生态保护的坚定决心，从而增强自身的环保意识和法治观念。通过长期的监督实践，能够在全社会形成遵守环境保护法律法规的良好氛围，让每个人都成为生态保护的参与者和守护者，共同为建设美丽家园贡献力量。

3. 政策优化

监督实践的反馈对于政策法规的调整和完善起着关键的推动作用。在监督过程中，会发现现有政策法规中存在的不足之处和需要改进的地方。基于这些反馈，相关部门可以对石漠化防治的政策法规进行针对性调整。例如，进一步明确临时用地审批的标准和流程，加强对用地后的生态恢复监管力度，完善违规行为的处罚措施等。通过不断优化政策法规，实现更科学、高效的石漠化防治管理，为岩溶地区的生态保护提供更加坚实的制度保障。

（二）办案心得

在岩溶地区石漠化防治公益诉讼领域，运用专门的法律监督模型进行成案办理，不仅提升了案件办理的效率，也增强了法律监督的实效性。以下是在运用该模型进行成案办理过程中的几点心得体会：

1. 严格依法审查，确保案件合法合规

办理公益诉讼案件，首要任务是严格依法审查，确保案件符合法律规定的受案范围和起诉条件。在运用岩溶地区石漠化防治公益诉讼法律监督模型时，应重点关注以下几个方面：

一是案件事实。依据模型提供的实时监控数据和现场勘查报告，详细审查石漠化防治工作中的违法行为，确保事实清楚、证据确凿。

二是法律适用。根据模型提供的法律法规数据库，准确适用相关法律条款，确保案件的定性准确、法律适用无误。

三是程序合法。按照模型设定的程序流程，严格遵循法定程序，确保案件的办理过程合法合规。

2. 强化技术支撑，提升案件办理效能

现代信息技术的运用，为公益诉讼案件的办理提供了强大的技术支撑。以下是运用模型进行案件办理的一些具体心得：

一是数据收集与分析。充分利用模型中的大数据分析功能，收集岩溶地区石漠化防治的各类数据，通过数据对比分析，找出违法行为的高发区域和关键环节。

二是智能辅助决策。模型提供的智能辅助决策功能，可以帮助我们快速定位关键证据，预测案件走势，从而提高案件办理的效率。

三是可视化呈现。运用模型的可视化技术，将复杂的案件信息转化为直观的图表和动画，便于向法庭和社会公众展示案件情况。

3. 注重人才培养，提升专业素养

公益诉讼案件的办理，对法律专业素养和综合能力提出了较高要求。以下是关于人才培养的一些心得：

一是专业知识培训。定期组织专业知识的培训，提升办理公益诉讼案件的法律专业素养。

二是跨部门协作。加强与其他相关部门的协作，如环保、林业、国土等，形成合力，共同推进石漠化防治工作。

三是案例交流学习。通过案例交流学习，分享办理公益诉讼案件的经验和教训，不断提升办理案件的能力。

总之，运用岩溶地区石漠化防治公益诉讼法律监督模型进行成案办理，不仅有助于提高案件办理的效率和质量，也有利于推动环境保护和法治建设的深入发展。在未来的工作中，我们将继续探索和实践，为岩溶地区石漠化防治工作的法治化进程贡献更多力量。

职务犯罪反洗钱法律监督模型

关键词：职务犯罪；有效惩治；严厉打击；反洗钱

一、模型研发背景与概述

随着经济的快速发展和金融领域的日益复杂化，职务犯罪案件频发，且犯罪分子利用洗钱手段掩饰犯罪收益的现象日益严重。洗钱行为不仅损害了国家的金融安全和经济秩序，还严重侵蚀了社会公平正义的基础。为了有效打击和预防职务犯罪中的洗钱行为，加强对洗钱活动的法律监督，研发职务犯罪反洗钱法律监督模型显得尤为重要。

在此背景下，我国政府及相关部门已经认识到反洗钱工作的重要性和紧迫性，制定了一系列反洗钱法律法规，并在司法实践中不断探索和完善反洗钱的法律监督机制。然而，由于洗钱手段的隐蔽性和复杂性，传统的监督手段难以有效识别和打击洗钱行为，因此，有必要研发一种专门针对职务犯罪反洗钱的法律监督模型。

为有效惩治腐败，既需要严厉打击贪污贿赂犯罪（以下简称贪贿犯罪），也需要严厉打击下游的洗钱犯罪。《刑法修正案（十一）》对洗钱罪条款作出修改，将洗钱行为纳入刑法规制范围。国家监察委员会办公厅、最高人民检察院办公厅、公安部办公厅联合印发的《关于在办理贪污贿赂犯罪案件中加强反洗钱协作配合的意见》（以下简称《意见》），就监察机关、检察机关、公安机关在办理贪污贿赂犯罪中切实加强反洗钱协作配合工作提出明确要求，以进一步加大办案力度，全面推进打击治理洗钱犯罪。检察机关作为法律监督机关，准确认定并追诉洗钱犯罪属职责应有之义。但洗钱犯罪通常具有隐蔽性、反侦查性，依靠传统的被动审查案件难以发现，但贪贿案件具有一定的共性。一是直接接受行贿人转款，再次转给他人代持，此方式易于发现洗钱犯罪。二是收受他人现金后以他人名义购买房屋、车辆、股票基金或委托他人代持，此方式在嫌疑人拒不交代资金去向时，较难发现洗钱犯罪及追赃挽损。三是由他人代行贿人接受行贿人的银行卡转账或现金，再次将现金或转账给他人代持，嫌疑人拒不交代资金去向时，同样难以发现洗钱线索。因此，需要借助大数据法律监督模型发现难以发现的洗钱及追赃线索。

二、数据分析方法与监督规则

（一）分析方法

1. 数据采集

通过金融机构报告、监管机构数据共享、公开信息抓取等手段，采集与职务犯罪和洗钱活动相关的数据。

2. 数据比对

运用数据比对技术，去除数据中的模糊性和不一致性，确保数据分析的准确性。

3. 特征工程

基于法律规范和犯罪行为特征，提取与职务犯罪和洗钱活动相关的重要特征，为后续分析提供基础。

4. 异常检测

运用统计学和机器学习算法，对交易数据进行异常检测，识别出可能涉及洗钱行为的交易模式。

5. 关联分析

通过关联分析，挖掘数据中的隐藏关系，揭示犯罪分子可能利用的洗钱网络和资金流向。

6. 风险评估

结合犯罪行为特征和法律规范，构建风险评估模型，对涉嫌洗钱的行为进行风险评估。

（二）监督规则

1. 监督点：贪污贿赂犯罪后发现自洗钱与他洗钱犯罪线索

规则 1：洗钱行为均发生在贪污贿赂犯罪后。数据要素：在起诉书、刑事判决书中抓取犯罪时间节点、行贿人员、起诉书，以及判决书显示的密切关系人名单。

规则2：将贪贿犯罪所得转移到他人的银行卡代持。数据要素：犯罪后嫌疑人的银行流水账单、微信账单、支付宝账单。

规则3：以亲属、朋友、行贿人及亲属名义将用于购买房屋、车辆、股票基金。数据要素：犯罪后亲属、朋友、行贿人及亲属房屋、车辆、股票基金变化情况。

规则4：用亲属、朋友银行卡接收受贿资金再转移他人名下。数据要素：行贿人的银行卡资金流向，受贿人的亲属、朋友的银行卡资金流向。

规则5：贪贿人将犯罪所得以他人名义代持公司股份。数据要素：贪贿人的亲属、朋友、密切关系人的公司股份变化。

2. 数据来源及载体

已经查办的贪贿案件起诉书、刑事判决书。

实施贪贿行为人的银行流水、微信、支付宝账单信息及房屋、车辆、基金股票信息。

调取贪贿行为人的密切关系人、亲属、朋友、行贿人的银行流水、支付宝、微信账单及房屋、车辆、股票基金变化情况。

3. 对比规则

第一，贪贿行为人实施贪贿后又转账给他人的，视为异常点1。

第二，当贪贿行为人实施贪贿行为后，若出现将贪贿所得款项转账给他人的情况，应将此视为一个重要的异常点。通常情况下，正常的经济往来会有合理的交易背景和目的。然而，贪贿行为人在实施贪贿后进行转账，这种行为往往缺乏正当的商业或个人需求依据。这可能意味着贪贿行为人试图通过转账来转移非法所得，以掩盖其犯罪行为。这种异常的资金流动可能是为了逃避法律制裁，或者将非法资金分散到不同的账户以增加追查的难度。因此，一旦发现贪贿行为人实施贪贿后又转账给他人，应引起高度警惕，并作为深入调查的线索之一。

贪贿行为人实施贪贿行为后，亲属、朋友、密切关系人房屋、车辆、股票基金发生变化的，视为异常点2。

贪贿行为人在实施贪贿行为后，若其亲属、朋友或密切关系人的房屋、车辆、股票基金等资产出现明显变化，这也应被视为一个值得关注的异常点。一般来说，如果没有特殊的经济来源或合理的解释，这些人的资产不应在短时间内发生重大变化。贪贿人员可能会利用亲属、朋友或密切关系人的名义来隐藏非法所得，通过为他们购买房屋、车辆或投资股票基金等方式，将贪贿所得转化为看似合法的资产。这种行为是为了逃避法律的追究，同时也增加了调查的复杂性。因此，对贪贿人员周围人的资产变化进行密切关注，可以为发现贪贿行为提供重要线索。

第三，行贿人与贪贿人的亲属、朋友、密切关系人的银行流水有联动，视为异常点 3。

如果行贿人与贪贿人员的亲属、朋友或密切关系人的银行流水存在联动情况，这无疑是一个重要的异常点。正常情况下，行贿人与贪贿人员的关系通常是直接的，而与他们的亲属、朋友或密切关系人之间不应有频繁或异常的资金往来。然而，当发现行贿人与这些人之间的银行流水有联动时，可能意味着行贿人试图通过这种方式间接向贪贿人员输送利益。这种联动可能表现为资金的频繁转账、大额交易或特定时间节点的资金流动。通过对银行流水的分析，可以揭示出潜在的行贿受贿关系，为打击贪贿犯罪提供有力证据。

第四，贪贿案件发生时，贪贿人的亲属、朋友、密切关系人的新增公司股份或注册新公司，视为异常点 4。

在贪贿案件发生时，若贪贿人的亲属、朋友或密切关系人新增公司股份或注册新公司，这应被视为一个可疑的异常点。一般而言，新增公司股份或注册新公司需要有合理的商业计划和资金来源。如果在贪贿案件发生的同时出现这种情况，可能意味着贪贿人员试图通过这种方式将非法所得合法化。他们可能利用亲属、朋友或密切关系人的名义来投资新公司或增加公司股份，以掩盖贪贿所得的来源。这种行为不仅是对法律的挑战，也给调查工作带来了更大的难度。因此，对贪贿人周围人的商业活动进行密切关注，可以为发现和打击贪贿犯罪提供重要线索，当贪贿案件出现上述异常点的，作为重点核实对象。

三、模型应用总结

在当前司法环境日益复杂多变的背景下，职务犯罪及其衍生的洗钱活动已成为侵蚀社会公平正义与经济安全的重大隐患。为有效应对这一严峻挑战，构建并高效运用职务犯罪反洗钱法律监督模型显得尤为迫切与重要。该模型以法治思维为引领，旨在通过法律手段实现对职务犯罪及其洗钱行为的精确打击与全面监督。该模型以职务犯罪作为上游环节，洗钱行为作为下游环节，构建了一套逻辑严密、环节相扣的法律监督体系。在司法实践中，贪污罪与受贿罪等职务犯罪往往成为洗钱活动的主要源头，犯罪所得通过一系列复杂的金融操作被掩饰、转移和隐匿，以逃避法律的严惩。

为有效遏制此类犯罪，依托职务犯罪反洗钱法律监督模型，对上游职务犯罪进行深入剖析，并紧密关注其下游洗钱活动的各种手段与策略。这些手段包括但不限于利用银行账户、理财产品、转账服务、现金提取等方式转移资金，将高价值物品变现，藏匿违法所得，签订虚假合同转移资产，虚构交易与债权债务关系，以及将房产、车辆等资产登记于他人名下等。

在司法实践中，应高度重视对洗钱犯罪主观故意的认定与客观证据的推定。洗钱犯罪在主观层面表现为故意，即行为人明知自己的行为是在为犯罪的违法所得进行掩饰、隐瞒其来源与性质，却仍然执意为之。

同时，应充分利用现代科技手段，如大数据分析、人工智能等，显著提升对洗钱行为的监测与预警能力。这些技术手段能够助力及时发现可疑交易，追踪犯罪资金的流向，为打击洗钱犯罪提供强有力的技术支撑。

此外，还应加强对金融机构的监管与指导，要求其建立健全反洗钱内部控制体系，切实履行客户身份识别、可疑交易报告等法定义务。金融机构在反洗钱工作中扮演着至关重要的角色，是防范与控制洗钱行为的第一道坚固防线。

综上所述，职务犯罪反洗钱法律监督模型在司法应用中取得了显著成效，不仅有效打击了职务犯罪及其洗钱行为，还切实维护了经济安全与社会稳定。展望未来，我们将持续优化完善这一模型，加强与其他相关部门的协作与配合，共同推动反洗钱工作不断迈上新的台阶。

租车行业领域诈骗及渎职类案监督模型

关键词：租车诈骗；渎职；审查起诉

一、模型研发背景与概述

随着我国租车行业的快速发展，市场规模的不断扩大，租车服务已成为人们日常出行的重要选择。与此同时，租车行业也暴露出诸多问题，尤其是诈骗及渎职类案件频发，给行业发展和消费者权益带来了严重威胁。租车行业领域的诈骗及渎职行为，不仅侵害了消费者的合法权益，扰乱了市场秩序，还可能涉及刑事责任，影响社会公平正义。因此，研发租车行业领域诈骗及渎职类案监督模型，强化法律监督，对于预防和打击相关违法行为具有重要意义。

当前，租车行业诈骗及渎职类案件的办理面临着诸多挑战，如证据收集难、案件定性复杂、监管漏洞等问题。此外，随着信息技术的快速发展，犯罪分子利用技术手段实施诈骗的行为也日益隐蔽和复杂。在这种背景下，运用现代信息技术手段，研发一套针对租车行业领域诈骗及渎职类案的监督模型，对于提升执法效能、维护行业秩序具有迫切需求。

2021 年以来，威宁自治县人民检察院受理审查起诉案件数据显示，在租车领域发生的诈骗案件 15 件，二十余家租车行车辆租赁后，被犯罪嫌疑人抵押或者变卖，损失合计二百余万元。加之汽车租赁市场、二手车交易市场、汽车抵押买卖市场租赁及交易方式不规范，不法分子利用交易不规范漏洞实施违法犯罪，租车后实施诈骗行为日益凸显。此外，租车诈骗行为不仅发生在威宁自治县，通过检索裁判文书网，全国各县都不同程度发生此类案件。面对租车诈骗案件，虽然部分租赁行最终能通过 GPS 定位或者报案等方式找回车辆，诈骗分子最终被判处刑罚，但购买人却遭受重大财产损失无法挽回，同时此类犯罪行为成为租赁行业健康发展的桎梏。

这些租车诈骗案件从单个案件看，租车过程签订租车合同，且有租车人的身份信息，很难从租车人的行为发现。但是，通过大数据排查能够发现个案审查中无法发现的类案中的共同点，而这些共同点也正是案件的异常点。威宁自治县人民检察院通过法院执行失信人员数据库、各车行租赁人员信息库、身份证识别系统等要素，筛查出租车人很大程度上为失信被执行人、在多家车行租车拒不支付租金、租车弃车、租车出卖后被租赁行找回未报警继续实施租车诈骗等人员信息，此类人员为租车诈骗高危人群。汽车租赁行之间信息不畅通，导致同一人在租赁行租车弃车、不支付租金、将车辆抵押或者变卖，又在其他租赁行实施上述行为，造成多家租赁行损失，通过汽车租赁行将租赁人信息录入，将异常租赁人信息自动转入数据库，该数据库与法院失信被执行人数据库、身份证识别数据库融合，租赁行通过查询租车人，便可得知是否使用虚假身份证、是否系租车老赖（不支付租金、租车后有弃车、抵押变卖车辆的不良行为）、是否为失信被执行人，从而保障租赁行避免租车遭受诈骗。同时，通过汽车租赁行的数据库，车辆出租后该车车牌号录入显示“出租”，二手车交易市场或者购车人通过查询，便及时得知此辆车处于出租状态，终止交易避免上当受骗。检察机关和公安机关通过汽车租赁行登记的异常租赁人数据库，能及时发现租车实施诈骗的行为人，从而及时打击避免其他租赁行再次遭受诈骗。同时通过该数据库，及时发现诈骗分子租赁车辆后伪造手续变更登记，发现车管所审核监管漏洞、渎职违法犯罪的职务犯罪线索。

二、数据分析方法与监督规则

（一）分析方法

在租车行业领域，诈骗及渎职类案件的监督与打击，依赖于精准有效的数据分析方法。以下是基于法律术语的数据分析方法概述，旨在为租车行业领域诈骗及渎职类案监督模型提供技术支持。

1. 数据分析的合法性基础

在进行数据分析之前，必须确保所有分析活动符合以下合法性基础：

法律授权：依据《中华人民共和国网络安全法》《中华人民共和国反不正当竞争法》等相关法律法规，确保数据分析活动在法律授权的范围内进行。

隐私保护：遵守《中华人民共和国个人信息保护法》等相关法律规定，严格保护租车用户的个人信息，避免非法收集和使用。

数据来源：确保数据来源的合法性，包括但不限于租车公司的业务数据、政府公开信息、第三方数据服务等。

2. 数据分析方法的构成

以下是租车行业领域诈骗及渎职类案监督模型中常用的数据分析方法：

（1）数据采集与预处理

采集：通过合法途径采集租车公司的交易记录、用户信息、车辆轨迹等数据。

预处理：对采集到的数据进行清洗、去重、标准化等预处理操作，以确保数据质量。

（2）特征提取

行为分析：提取用户租车行为特征，如租车频率、时段、地点等。

异常检测：识别异常的租车行为，如频繁更换租车地点、长期租车不归还等。

（3）模式识别

关联规则挖掘：发现租车行为中的关联规则，如特定用户群体与特定车型、特定租车地点的关联。

聚类分析：对租车用户进行分类，识别可能的诈骗团伙或高风险用户。

（4）风险评估

构建模型：基于案例和现有数据，构建风险评估模型，评估租车行为的潜在风险。

（二）监督规则

1. 监督点：租车诈骗、租车老赖、失信执行人、违规过户

（1）数据库形成规则

规则 1：调取法院失信被执行人员名单，该数据库（数据库 1）由租赁行共享。租赁行属于承租人信息，便可知晓是否为失信被执行人，增强风险意识。数据要素：承租人的姓名、身份证号码。

规则 2：租赁行将承租人的姓名及身份证号码、承租车牌号、承租时间等信息录入系统，形成数据库 2。该数据库由租赁行、二手车交易市场、买受人、租赁行、法院共享。数据要素：承租人的姓名及身份证号码、承租时间、承租车牌号。

规则3：异常租车人员（租车老赖、租车弃车）经车行登记后，形成数据库3。该数据库由所有车行、检察机关、公安机关共享。数据要素：承租人姓名、承租人身份证号码、承租时间、拖欠租金、弃车时间及地点。

规则4：租赁行车辆被承租人抵押或者变卖的，或者提供虚假身份证，登记录入形成数据库4。该数据库由租赁行、公安机关、检察机关、二手车交易市场、买受人共享。数据要素：承租人的姓名及身份证号码、租车时间、车辆失去联系时间、抵押或出卖时间。

规则5：租赁行发现出租车辆被伪造手续，已经违法变更登记其他人员名下，登记录入形成数据库5。该数据库由租赁行、检察机关、公安机关、监察机关共享。数据要素：承租人的姓名及身份证号码、承租时间、车辆变更登记时间、由何种机关变更登记。

（2）数据库使用及发现线索规则

规则1：租赁行在日常经营管理中，可以充分利用数据库1进行查询与筛查。当通过该数据库发现承租人若为失信被执行人时，应高度警觉，进一步增强交易风险意识。因为失信被执行人在经济活动中可能存在较大的违约风险，其信用状况不佳可能导致无法按时支付租金、损坏车辆后不承担赔偿责任等问题。租赁行此时应更加谨慎地评估与该承租人的交易，采取如要求增加担保、提高租金预付款比例等措施，以最大限度地降低潜在的经济损失风险，保障自身的合法权益。

规则2：二手车交易市场和买受人在进行交易时，可通过输入车辆车牌号进行查询。若发现车辆显示“出租”状态，应进一步向租赁行核实情况。这一举措至关重要，可以及时发现潜在的问题车辆，避免购买到被违法抵押或者变卖的租赁车辆。一旦发现可疑情况，应立即报警，以便相关部门及时介入处理。同时，法院在工作中若共享发现失信被执行人长期租用车辆却不支付判决、裁定的情况，应依法作出处理，维护法律的权威和当事人的合法权益。

规则3：当租赁行在业务开展过程中发现承租人为数据库3中的人员名单时，应立即采取行动。一方面，将该承租人的信息登记录入数据库3，进一步完善数据库内容，为后续的风险防控提供更全面的信息支持。另一方面，坚决拒绝向其出租车辆，以降低自身遭受诈骗的风险。同时，检察机关和公安机关可以充分利用该数据库进行调查取证。若经过深入调查发现承租人主观上具有诈骗车辆租金等不良行为，应果断进入刑事打击层面，运用法律手段对其进行严肃惩处，维护租赁行业的正常秩序和法律的威严。

规则 4：租赁行在日常经营中，若发现承租人系数据库中的特定人员，应果断拒绝出租车辆。这一举措是为了防范潜在的诈骗风险，保护自身及行业的合法权益。同时，租赁行应将该承租人信息新增到数据库中，以便更好地实现信息共享与风险预警。一旦发现此类情况，租赁行要及时报警，以便公安机关和检察机关能够迅速介入。检察机关和公安机关应及时对涉嫌诈骗的承租人进行严厉打击，通过调查取证、采取法律措施等方式，让违法犯罪分子受到应有的惩处，避免其他租赁行或买受人遭受诈骗，维护租车行业的良好秩序和社会的公平正义。

规则 5：公安机关、检察机关、监察机关在面对数据库中的名单时，应积极展开调查核实工作。当发现车辆被伪造手续后，若有国家工作人员明知手续系伪造却仍然进行变更登记，这种行为性质极为恶劣。国家工作人员本应严格依法履行职责，维护国家和人民的利益，然而在这种情况下，他们背离了自己的职责使命。

明知手续伪造却进行变更登记，不仅破坏了正常的行政管理秩序，更严重损害了政府的公信力。这种行为符合滥用职权罪的构成要件，必须进行严厉的刑事打击。通过对这类行为的严肃处理，可以起到震慑作用，促使国家工作人员更加谨慎地行使权力，确保权力不被滥用。同时，也能维护法律的尊严和公正，保障社会的正常秩序和公共利益，为经济社会的稳定发展创造良好的法治环境。

2. 数据来源及载体

数据来源 1：法院。数据载体：失信被执行人员名单。

数据来源 2：身份证识别系统。数据载体：身份证验证系统。

数据来源 3：汽车租赁行。数据载体：租赁行自行登记录入系统。

数据来源 4：“企查查”“天眼查”等 App。数据载体：企业登记信息查询系统。

数据来源 5：公安机关车辆管理所。数据载体：全国公安交管综合应用平台、机动车登记信息系统。

三、模型应用总结

（一）社会治理成效

一是实现由以往治罪到治罪与治理并重的转变。在这个模型下，租赁行可以通过查询承租人的信用情况，提前做到对交易风险的预警，从而极大增强防骗意识。这样，在交易初始阶段，租赁行就能更好地评估风险，避免与信用不良的承租人进行交易，减少被诈骗的可能性。同时，检察机关能够及时从数据库中发现犯罪线索，一旦察觉可能存在租车诈骗的行为，便能迅速移送相关部门进行打击处理，提高打击犯罪的效率和及时性。

二是做到合作共赢。一方面，通过向法院反馈失信被执行人租赁高档车辆消费情况，为法院开展执行工作提供了有力的线索。法院可以根据这些信息更加精准地掌握失信被执行人的动态，采取相应的执行措施，提高执行工作的成效。另一方面，法院提供失信被执行人名单，也便于租赁行提高交易风险预警。租赁行在了解这些名单后，可以更加谨慎地与潜在客户进行交易，降低被诈骗的风险。

三是通过数据库能够掌握车辆违法登记转移线索，将这些线索移送监察机关调查核实。通过这种方式，可以及时发现行业监管漏洞，避免租车诈骗分子利用监管漏洞实施犯罪行为。一旦发现问题，检察机关可以通过检察建议的方式纠正行业监管中的不足，促使相关部门加强对租车行业的监管，提高行业的规范性和安全性。

四是打破信息壁垒。在租车诈骗数字检察模型中，租赁行之间做到信息互通至关重要。通过信息互通，租赁行可以共享客户的信用信息、交易记录等重要数据，实现共建、共治、共享的成果。这样，当一个租赁行发现某个客户存在可疑行为时，可以及时将信息分享给其他租赁行，共同提高警惕，减少租车行业领域诈骗行为的发生。同时，信息互通也有助于提高整个租车行业的风险防范能力，促进行业的健康发展。

（二）办案心得

一是提升办案效率。监督模型的应用极大地提升了办案效率。在传统办案模式中，线索发现和证据收集往往耗费大量时间和人力，而模型的应用使得这一过程更加迅速和精准。

二是强化证据链。通过模型分析得出的数据，为构建完整的证据链提供了重要支持。在诉讼过程中，这些数据往往成为定罪的关键证据。

三是规范执法行为。模型的运用有助于规范执法行为，确保执法活动在合法合规的框架内进行。在证据收集和分析过程中，应始终遵循法定程序，确保每一步操作都有法可依。

四是提高法律监督效能。模型的应用强化了对租车行业领域诈骗及渎职行为的法律监督，有助于预防和打击犯罪，维护社会公平正义。

五是法律适用与解释。监督模型的分析结果必须与法律规定相结合，合理运用法律原则，确保案件处理的合法性。

总之，租车行业领域诈骗及渎职类案监督模型在司法应用中的成效显著。通过该模型的辅助，不仅提高了办案效率和质量，也进一步强化了法律监督的权威性和实效性。